AF189567

Erfolgreich lernen – mit Papier oder Bildschirm?

Eine quasi-experimentelle Vergleichsstudie zu den Chancen und Grenzen des Einsatzes elektronischer Lehrbücher in der Hochschule

Annika Brück-Hübner

Diese Arbeit wurde im Rahmen des Studiengangs „eEducation: Bildung und Medien" an der Fernuniversität in Hagen als „Masterthesis" verfasst.

Bibliografische Information der Deutschen Nationalbibliothek:

Die Deutsche Nationalbibliothek verzeichnet diese Publikation in der Deutschen Nationalbibliografie; detaillierte bibliografische Daten sind im Internet über dnb.dnb.de abrufbar.

Herstellung und Verlag: BoD – Books on Demand, Norderstedt

ISBN: 9783750435223

Zusammenfassung

In den letzten Jahren haben digitale Lehrbücher zunehmend Einzug in die Hochschullehre gehalten. Bislang gibt es aber nur sehr vereinzelt Studien, welche deren Chancen und Grenzen für das universitäre Lernen untersuchen. Diese Arbeit verfolgt das Ziel, das Potential digitaler Lehrbücher hinsichtlich der Förderung des Lernerfolgs von Studierenden zu analysieren und diskutieren. Dies erfolgt auf Basis theoretischer Überlegungen sowie einer quasi-experimentellen Vergleichsstudie mit einer Kontroll-(n=30) und drei Experimentalgruppen (Arbeit mit einem papierbasierten [pBook] [n=61], einem elektronischen [eBook] [n=40] oder einem multimodalen Lehrbuch [mBook] [n=56]).

Die Ergebnisse zeigen, dass das Lernen mit eBooks weniger erfolgreich verläuft als das Lernen mit mBooks, während die Arbeit mit pBooks zum größten Lernerfolg führt. Differenziertere Analysen verdeutlichen jedoch die Komplexität der Wechselwirkungszusammenhänge zwischen Lehrbuchformat, Lernerfolg und weiteren Einflussvariablen. Es bedarf weiterer empirischer Studien, die diese Zusammenhänge untersuchen.

Schlagwörter: papiergebundene Lehrbücher; digitale Lehrbücher; Lernerfolg; Hochschulbildung

Abstract

While in recent years the use of digital textbooks has emerged higher education, little research exists to describe their opportunities and limits for learning. This Thesis aims to assess and discuss the potential of digital textbooks for learning success in higher education. This will be carried out on the basis of theoretical considerations as well as a quasi-experimental comparative study with one control (n=30) and three experimental groups: a paperbased- (pBook) (n=61), an electronic- (eBook) (n=40) and a multimodal-textbook-group (mBook) (n=56).

The results indicate, that learning with eBooks is less successful than learning with mBooks, while pBooks promotes learning best. Differential data analysis clarifies that there are complex interdependencies between textbook format, learning success and other influential variables. Further research is needed to analyse these relationships.

Keywords: paperbased textbooks; digital textbooks; learning success; higher education

Inhaltsverzeichnis

Abbildungsverzeichnis..v

Tabellenverzeichnis v

1   Einleitung 1

2   Papiergebundene vs. digitale Lehrbücher – eine Gegenüberstellung 4

    2.1   Definitionen und Abgrenzungen 4

        2.1.1   Was ist ein Buch? 4

        2.1.2   Was ist ein digitales Buch? 5

        2.1.3   Was ist ein (digitales) Lehrbuch? 7

    2.2   Merkmale papiergebundener und digitaler Lehrbücher im Vergleich 9

        2.2.1   Größe und Gewicht..10

        2.2.2   Haltbarkeit, Wiederverwend- und Weiterverwertbarkeit.................11

        2.2.3   Aktualität, Qualität und Verfügbarkeit 12

        2.2.4   Multimodalität und Flexibilität 13

        2.2.5   Navigation und Orientierung 14

        2.2.6   Markierungen und Notizen 16

        2.2.7   Interaktivität und Kollaborationsmöglichkeiten 17

    2.3   Herausforderungen bei der Arbeit mit digitalen Lehrbüchern...................18

        2.3.1   Verfügbarkeit, Kompatibilität und Zuverlässigkeit der Technik 18

        2.3.2   Ausschöpfung des Potentials digitaler Lehrbücher.......................19

    2.4   Zusammenführung..21

3   Lehrbücher und Lernerfolg..22

    3.1   Lernerfolg – eine begriffliche Annäherung 23

        3.1.1   Lernen – eine begriffliche Annäherung 23

        3.1.2   Bedingungen erfolgreichen Lernens mit Medien.........................25

        3.1.3   Die Problematik der Messung von Lernerfolg.............................28

        3.1.4   Zusammenführung...31

    3.2   Konzeption und Gestaltung lernförderlicher Lehrbücher 32

        3.2.1   Didaktische Anforderungen an lernförderliche Lehrbücher 32

        3.2.2   Empfehlungen für die typografische Gestaltung von Lehrbüchern ...34

        3.2.3   Empfehlungen für die lernförderliche Gestaltung mit Multimedia....36

        3.2.4   Zusammenführung...40

    3.3   Der aktuelle Forschungsstand..41

        3.3.1   Welchen Einfluss nimmt die Lehrbuchform auf den Lernerfolg? 42

        3.3.2   Welche weiteren Faktoren könnten den Lernerfolg beeinflussen? 45

3.3.3   Zusammenführung 46

4   Empirische Untersuchung 47

4.1   Spezifizierung der Fragestellungen und Hypothesen 47

4.2   Grundlegende Überlegungen zum Forschungsdesign 49

4.3   Konzeption und Entwicklung der Lehrbücher.........................50

4.3.1   Auswahl, Relevanz und Aufbau der Thematik des Lehrbuchs 50

4.3.2   Auswahl der Software..51

4.3.3   Konzeption und Erstellung des pBooks 54

4.3.4   Konzeption und Erstellung des eBooks 55

4.3.5   Konzeption und Erstellung des mBooks...............................55

4.3.6   Bewertung des Materials 58

4.4   Konzeption und Entwicklung der Erhebungsinstrumente 59

4.4.1   Konzeption und Pre-Testung des Wissenstests......................59

4.4.2   Konzeption und Pre-Testung des Fragebogens......................60

4.5   Die Auswertungsmethoden 62

4.5.1   Deskriptiv- und inferenzstatistische Datenanalyse 62

4.5.2   Inhaltsanalyse 63

4.6   Stichprobengewinnung und Durchführung der Studie 64

4.6.1   Auswahl und Beschreibung der Stichprobe 64

4.6.2   Durchführung und Ablauf der empirischen Erhebung..............65

4.7   Darstellung der Ergebnisse 67

4.7.1   Zusammenhang Lehrbuchformat und Lernerfolg....................67

4.7.2   Evaluation des Lehrbuchs 71

4.7.3   Nutzungsverhalten und Einstellung der Studierenden 75

4.8   Zusammenführung, Interpretation und Diskussion der Ergebnisse 79

4.9   Kritische Betrachtung des methodischen Vorgehens 85

5   Fazit..89

6   Literaturverzeichnis...95

Anhang..103

Abbildungsverzeichnis

Abbildung 1: Bearbeitungsmöglichkeiten im Adobe Acrobat Reader DC (eigene Darstellung) 16

Abbildung 2: Lernerfolgsrelevante Kontexte und Komponenten (i. A. an Tergan, 2004a, S. 146) 25

Abbildung 3: Cognitive theory of multimedia learning (aus: Mayer, 2001, S. 44)......37

Abbildung 4: Audiospur zum Vodcast „Zusammenfassung"(erstellt mit Live 9 Intro) 57

Tabellenverzeichnis

Tabelle 1: Two Goals of Multimedia Learning (aus: Mayer, 2001, S. 16)..................29

Tabelle 2: Lernzieltaxonomie nach Bloom (1972, 217ff.) (eigene Darstellung) 30

Tabelle 3: Lernerfolg und Lehrbuchformat: der aktuelle Forschungsstand 44

Tabelle 4: Übersicht der Settings und Grunddaten der Stichprobe 65

Tabelle 5: Deskriptive Auswertung des Pre-Tests zum „Vorwissen"..........68

Tabelle 6: Ergebnisse der Varianzanalyse zum Lernerfolg (Gesamt, Verstehen, Erinnern)..................69

Tabelle 7: Gelesene Pflichtkapitel in Abhängigkeit der jeweiligen Lehrbuch-Gruppe70

Tabelle 8: Zusammenhang Lernerfolg und Lehrbuchformat (getrennt nach Studiengang)..................71

Tabelle 9: Übersicht über die Ergebnisse der Evaluation des Lehrbuchs (geschlossene Fragen)..................72

Tabelle 10: Die zehn am häufigsten benannten positiven Aspekte des Lehrbuchs......73

Tabelle 11: Die zehn am häufigsten benannten negativen Aspekte des Lehrbuchs 74

Tabelle 12: Nutzungsverhalten und Einstellung der Studierenden (gesamt) 75

Tabelle 13: Nutzungsverhalten und Einstellung der Studierenden (getrennt nach Lehrbuchformat) 76

Tabelle 14: Die zehn am häufigsten genannten Vorteile von eBooks..................77

Tabelle 15: Die zehn am häufigsten benannten Nachteile von eBooks 78

1 Einleitung

Durch die zunehmende Digitalisierung der Gesellschaft verändert sich nicht zuletzt auch das Lehren und Lernen in Schulen und Hochschulen. Getrieben durch die technologischen Entwicklungen unterliegen die in Bildungskontexten eingesetzten Lehr- und Lernmaterialien in den letzten Jahren und Jahrzehnten einem zunehmenden Wandel (Schön & Ebner, 2012a, S. 105, 2012b, S. 1). Auch Lehrbücher – welche in der Hochschulbildung einen zentralen Stellenwert einnehmen (Rockinson-Szapkiw, Courduff, Cater, & Bennett, 2013, S. 259) – sind hiervon betroffen. Dies wird unter anderem dadurch deutlich, dass immer mehr Buchverlage ihre Lehrbücher nicht mehr nur in gedruckter, sondern auch in digitaler Form zum Kauf anbieten. So hat beispielsweise der Springer-Verlag derzeit bereits weit mehr als 200.000 digitale Lehrbücher in seinem Angebot.[1] Spezielle Lizenzverträge zwischen den Verlagen und den Universitätsbibliotheken eröffnen zudem Studierenden die Möglichkeit, diese digitalen Lehrbücher kostenfrei und flexibel abzurufen – und je nach geltendem Urheberrecht – auch abzuspeichern, zu kopieren, zu bearbeiten und/oder auszudrucken.[2]

In der aktuellen Diskussion wird den digitalen Lehrbüchern häufig ein Mehrwert gegenüber der papiergebundenen Variante zugeschrieben. Dieser wird unter anderem in der Platz- und Gewichtseinsparung, aber vor allem auch in den neuen Aktualisierungsmöglichkeiten, der größeren Vielfalt an Darstellungsmöglichkeiten, der Hypertextstruktur und der Interaktivität gesehen (Rezat, 2014, S. 9). Mit diesen neuen Möglichkeiten sind zugleich auch Hoffnungen auf eine Verbesserung der Lernwirksamkeit von Lehrbüchern verbunden (Blömeke, 2003, S. 57). Angesichts der Tatsache, dass es sich bei einem Großteil der derzeit erhältlichen elektronischen Lehrbücher um digitalisierte Versionen der papiergebundenen Variante handelt, werden diese Erwartungen jedoch relativiert (Sieche, Krey, & Bastiaens, 2013, S. 466). Denn solche Eins-zu-eins-Übertragungen führen dazu, dass das den digitalen Medien häufig zugeschrie-

---

[1] Stand: 07.07.2016 um 10:19 Uhr: 215727 elektronische Lehrbücher
   (siehe http://link.springer.com/search?facet-content-type=%22Book%22 [07.07.2016])
[2] Siehe hierzu z.B. https://www.uni-giessen.de/ub/literatursuche/nutzung/ebooks-tipps/index_html [07.07.2016]

bene Potential nicht genutzt wird und in dieser Folge steht auch der vermeintliche Mehrwert elektronischer Lehrbücher in Frage.

Aus diesem Grund überrascht es kaum, dass digitale Lehrbücher in Deutschland häufig kritisch betrachtet werden und die Akzeptanz – im Gegensatz zu anderen Ländern – noch vergleichsweise gering ist (Münchner Arbeitskreis, 2011, 82f.). So verdeutlicht beispielsweise eine Studie von Matschkal (2009, 15) zur Nutzung und Akzeptanz von elektronischen Büchern an bayerischen Universitäts- und Hochschulbibliotheken, dass zwar ca. 72% der Befragten[3] eBooks nutzen, aber nur 37,1% angeben, auf gedruckte Lehrbücher verzichten zu können, sofern eine digitale Alternative zur Verfügung steht. Auch weitere (internationale) Studien belegen, dass ein Großteil der Lernenden die gedruckte Lehrbuchvariante bevorzugt (siehe z.B. Gregory, 2008; Jeong, 2012). Daniel & Woody (2013, S. 18) betonen in diesem Kontext jedoch, dass pädagogische Entscheidungen – wie die Einführung digitaler Lehrbücher – nicht lediglich auf Basis der Akzeptanz bzw. Nicht-Akzeptanz getroffen werden sollten. Vielmehr gelte es zu hinterfragen, welches Potential diese für die Förderung des Lernens bergen. Zudem sollte bei der Einführung neuer Medien immer auch eine entsprechende Schulung der erforderlichen Voraussetzungen zur erfolgreichen Arbeit mit ihnen mitbedacht werden. Es gilt daher den Einsatz digitaler Lehrbücher hinsichtlich dessen Nutzen und Effektivität sowie der benötigten Fähigkeiten und Kompetenzen von Seiten der Lernenden kritisch zu hinterfragen, zu erforschen und weiterzuentwickeln.

In der (deutschsprachigen) erziehungswissenschaftlichen Forschung und Debatte nehmen (digitale) Lern- und Lehrmaterialien jedoch insgesamt keinen besonderen Stellenwert ein (Schön & Ebner, 2012b, S. 3). Auch in der Praxis wird, anstatt nach den *richtigen* Mitteln für einen zielführenden Unterricht zu suchen, die Lehre oft den gegebenen Mitteln angepasst (Lindner-Fally, 2012, S. 49). Der Einsatz digitaler Medien erfüllt im Bildungsbereich jedoch keinen Selbst-

---

[3] Aus Gründen der besseren Lesbarkeit wird in dieser Arbeit durchgehend die männliche Form verwendet. Natürlich ist dabei auch immer die weibliche Form miteingeschlossen.

zweck. Vielmehr sollen diese dabei helfen das Lehren und Lernen zu unterstützen und zu fördern.

Es stellt sich daher die Frage, *welchen Beitrag digitale Lehrbücher zu einer Förderung des Lernens und insbesondere der Förderung des Lernerfolgs in der Hochschule leisten können.* Das Ziel dieser Arbeit besteht darin, den Mehrwert, aber auch die Grenzen des Einsatzes digitaler Lehrbücher in der Hochschullehre im Vergleich zu papiergebundenen Lehrbüchern zu analysieren und zu diskutieren.

Hierfür gilt es im *zweiten Kapitel* – aufbauend auf grundlegenden begrifflichen Klärungen – die zentralen Merkmale von papiergebundenen und digitalen Lehrbüchern vergleichend gegenüberzustellen und die mit der Einführung von digitalen Lehrbüchern verbundenen Herausforderungen darzulegen.

Im *dritten Kapitel* wird zunächst eine definitorische Annäherung an den Begriff des „Lernerfolgs" vorgenommen. Anschließend gilt es auf Basis theoretischer Überlegungen und empirischer Befunde zu diskutieren, wie Lehrbücher konzipiert und gestaltet werden müssen, um lernförderlich zu sein. Zudem erfolgt eine Aufarbeitung des aktuellen Forschungsstands bezüglich der Wirkung der unterschiedlichen Lehrbuchvarianten auf den Lernerfolg.

Die Beschreibung der empirischen Studie erfolgt im *vierten Kapitel*. Ausgehend von einer Spezifizierung der Fragestellungen und Hypothesen und basierend auf grundlegenden Überlegungen zum Forschungsdesign werden hier die Konzeptionen des Erhebungsmaterials und der Erhebungsinstrumente erörtert und reflektiert. Neben einer Schilderung der Stichprobengewinnung, der Durchführung des Experiments und der Datenauswertung, gilt es zudem die Ergebnisse darzulegen, zusammenzuführen und zu diskutieren.

Das abschließende *Fazit* fasst die zentralen Erkenntnisse noch einmal zusammen.

2 Papiergebundene vs. digitale Lehrbücher – eine Gegenüberstellung

Diese Arbeit zielt darauf ab, die Chancen und Grenzen des Einsatzes digitaler Lehrbücher im Vergleich zur papiergebundenen Variante zu analysieren. Hierfür gilt es in diesem Kapitel eine begriffliche Abgrenzung vorzunehmen und die zentralen Merkmale herauszuarbeiten, anhand derer sich die beiden Lehrbuchformate unterscheiden. Ferner werden auch die Besonderheiten beziehungsweise die Herausforderungen, welche mit der Einführung digitaler Lehrbücher im Bildungsbereich verbunden sind, analysiert und diskutiert. In einem abschließenden Fazit werden die zentralen Erkenntnisse noch einmal zusammengefasst.

2.1 Definitionen und Abgrenzungen

2.1.1 *Was ist ein Buch?*

Nach dem Bedeutungslexikon von Duden (2010, S. 243) ist ein Buch ein „größeres, gebundenes Druckwerk zum Lesen oder Betrachten." Diese kompakte Begriffserklärung kann jedoch noch weiter ausdifferenziert werden. So definieren Hiller & Füssel (2002, S. 60) das Buch als

> „eine in einem Umschlag oder Einband durch Bindung zusammengefaßte, meist größere Anzahl von leeren, beschriebenen oder bedruckten Blättern [...] von nicht periodischer Erscheinungsweise [...]. Der Funktion nach ist das B.[uch] die graphische Materialisierung geistig-immatrieller Inhalte, zum Zwecke ihrer Erhaltung, Überlieferung und Verteilung in der Gesellschaft."

Während die beiden Definitionen auf den ersten Blick ähnlich erscheinen, offenbart eine genauere Analyse durchaus Unterschiede. So beschränkt sich die Definition aus dem Duden auf gebundene *Druck*werke, während Hiller und Füssel betonen, dass es sich auch um gebundene leere oder (hand-)beschriebene Blätter handeln kann. Auch hinsichtlich der Funktionen zeigen sich inhaltliche Unterschiede. Während sich der Duden auf die Nutzungsweisen des Rezipienten fokussiert (Lesen oder Betrachten), stehen nach Hiller und Füssels Begriffs-

4

verständnis insbesondere die Funktionen der Bücher für den Produzenten im Fokus (Erhalt, Überlieferung, Verteilung).

Die klare Definition des Mediums „Buch" wird noch weiter erschwert, wenn die beiden bislang genannten Begriffsbestimmungen mit der von Rautenberg (2003, 82f.) verglichen werden. Sie definiert das Buch als ein materielles bzw. physisches Objekt oder elektronisches Speichermedium, welches das Produkt eines handwerklichen oder maschinell geprägten Herstellungsprozesses ist und aus einem Trägermaterial und den darauf aufgebrachten Sprach- und Bildzeichen besteht.

Rautenbergs Buchverständnis ist folglich noch weiter gefasst und schließt nicht nur materielle Bücher, sondern auch deren digitale Variante mit ein. Im Folgenden soll einem solchen, offenen Verständnis jedoch nicht gefolgt werden, da für diese Arbeit eine klare Abgrenzung der beiden (Lehr-)Buchvarianten erforderlich ist. Es gilt daher im anschließenden Kapitel das digitale Buch vom materiellen bzw. papiergebundenen Buch abzugrenzen. Den folgenden Ausführungen wird daher zusammenfassend folgendes Buchverständis zugrunde gelegt:

Ein Buch ist ein materielles bzw. physisches Objekt, welches papiergebunden ist, d.h. aus einer größeren Anzahl gebundener Blätter besteht und dem Erhalt, der Weitergabe bzw. dem Empfang von Informationen dient.

2.1.2   *Was ist ein digitales Buch?*

Auch für den Begriff der digitalen Bücher (auch eBook, electronic book, elektronisches Buch) existiert keine einheitliche Definition. Dies liegt unter anderem darin begründet, dass dieser Begriff auf zwei Weisen gebraucht werden kann. So kann nach Wetzel (2003, 188f.) unter einem digitalen bzw. elektronischen Buch (1) ein spezieller portabler Kleinstcomputer (sogenannte Handhelds) zum Lesen von elektronischen Texten verstanden werden. Zudem steht der Begriff jedoch auch für (2) elektronische Fassungen von Büchern, die entweder mit einer speziellen Hardware oder mit einer bestimmten Software auf dem PC gelesen und gelegentlich auch ausgedruckt werden können.

Dieser Auslegung schließen sich auch Hiller und Füssel (2002, S. 104) an. Nach ihnen dient der Begriff „eBook" „sowohl als Bezeichnung für die digitalisierte Form von Inhalten (content) als auch für ein spezielles Lesegerät in Buchformat." Um zwischen diesen zwei Begriffsdimensionen klar unterscheiden zu können, werden die Lesegeräte bzw. „Handhelds" in dieser Arbeit nicht als eBook, sondern als eBook-Reader bezeichnet. In diesem Sinne bezieht sich das folgende Verständnis von „digitalen Büchern" nur auf die digitalisierte Form der Inhalte („eBook-Files").

Wie in der Einleitung bereits deutlich wurde, zeichnen sich jedoch auch diesbezüglich deutliche Unterschiede ab. So lassen sich die Eins-zu-eins-Übertragungen bzw. die digitalisierten Versionen der papiergebundenen Bücher von den „Reflowable digital books" (i. A. an Chesser, 2011, S. 33) oder auch „multimedialen eBooks" (Schreiber, Sochatzy, & Ventzke, 2014, S. 71) abgrenzen, welche u.a. eine breitere Palette an Kombinationsmöglichkeiten von Text, Bild und Ton in statischer oder aber auch dynamischer Form eröffnen (Blömeke, 2003, S. 60).

Auch wenn Schreiber et al. (2014, S. 71) von „multimedial" sprechen, um die beiden digitalen Buchformen voneinander abzugrenzen, ist diese Begrifflichkeit in diesem Kontext zur Abgrenzung nicht geeignet. So ist nach Mayer (2003, S. 126) Material bereits dann „multimedial", wenn es zwei Formate – wie beispielsweise Wörter (gesprochener oder gedruckter Text) und Bilder (Animationen oder Illustrationen) – inkludiert. Da auch in papiergebundenen, und damit auch in deren digitalisierten Formen, meistens Wissen bzw. Erfahrungen durch eine Kombination von Text und Bild präsentiert werden (Rauch & Wurster, 1997, S. 26), gilt folglich, dass die Multimedialität nicht als Hauptunterscheidungskriterium angeführt werden kann. Anders verhält es sich jedoch mit der Multimodalität. Als multimodal gilt ein Angebot dann, wenn es bei den Rezipienten unterschiedliche Sinne (z.B. auditiv und visuell) aktiviert (Weidenmann, 2009, S. 76). In diesem Sinne liegt den weiteren Ausführungen folgende, zwischen diesen beiden Formen differenzierende Definition zugrunde:

Ein *digitales Buch* (auch electronic book, elektronisches Buch) ist eine digitalisierte Form von Büchern, für deren Nutzung ein digitales Endgerät mit spezieller Software benötigt wird. Werden diese Bücher um weitere (audiovisuelle) Darstellungsformen und (interaktive) Elemente erweitert, spricht man auch von *multimodalen Büchern* (auch reflowable digital textbook, multimediales eBook).

2.1.3 *Was ist ein (digitales) Lehrbuch?*

Nachdem in den vorhergehenden Kapiteln definiert wurde, was ein Buch bzw. ein digitales Buch ist, gilt es nun zu analysieren, was ein (digitales) Lehrbuch ist. Bei dem Begriff „Lehrbuch" handelt es sich um eine Komposition der Wörter „Lehre" und „Buch". Hieraus lässt sich zunächst ableiten, dass ein Lehrbuch eine spezifische Buchgattung ist, welche sich dadurch auszeichnet, dass sie einen bestimmten Inhalt „lehrhaft" darbietet (Hiller & Füssel, 2002, S. 195). In diesem Sinne definiert auch Mentzel-Reuters (2003, S. 323) ein Lehrbuch als ein „Fachbuch, das einen begrenzten Stoff vermitteln soll, entweder als Begleitmaterial zum Unterricht (>Schulbuch) oder zum eigenen Studium." Darüber hinaus betont Mentzel-Reuters (2003, 323f.), dass Lehrbücher nicht den Anspruch erheben, neue Erkenntnisse zu vermitteln oder fachlich umstrittene Praktiken oder Thesen zu diskutieren. Vielmehr schreibt sie diesen die Aufgabe zu, das allgemein Anerkannte didaktisch aufzuarbeiten. Dem schließt sich auch Schlösser (2012, 32f.) mit ihrer Begriffsbestimmung an. Nach ihr ist ein Lehrbuch

„ein auf gesicherten Erkenntnissen der Wissenschaft aufbauendes, überwiegend für die Hochschulbildung einsetzbares Buch, das einen bestimmten didaktisch aufbereiteten Themenbereich abhandelt und im Sinne einer Konsolidierung verschiedene Forschungspositionen parallel beinhalten kann."

Eine Gegenüberstellung der Definitionen von Mentzel-Reuters und Schlösser zeigt, dass sich hier hinsichtlich der Adressatengruppe Unterschiede abzeichnen. Während erstere keine Einschränkungen vornimmt, kommen Lehrbücher nach Schlösser insbesondere in der Hochschulbildung zum Einsatz und auch

Hiller und Füssel (2002, S. 195) betonen im weiteren Verlauf ihrer Definition, dass Schulbücher gewöhnlich nicht zu den Lehrbüchern zählen. Nach ihnen umfasst der Begriff vielmehr Bücher für den Unterricht an höheren Lehranstalten und Hochschulen sowie für den Selbstunterricht (z.B. in der Erwachsenenbildung). Demgegenüber steht wiederum eine neutralere und offenere Definition von Graf (1984, S. 28), nach der Lehrbücher „in erster Linie für eine gezielte Aus- und Weiterbildung eines ausgewählten Nutzerkreises gedacht" sind.

Die Frage, ob Schulbücher eine eigenständige Literaturgattung neben den Lehrbüchern oder vielmehr eine Untergattung eben dieser darstellen, ist folglich diskutabel. Es gilt jedoch festzuhalten, dass sowohl Lehr- als auch Schulbücher ähnliche Funktionen erfüllen. So betont beispielsweise Kahlert (2010, S. 49), dass von Schulbüchern zu erwarten ist,

> „dass sie dem Stand des fachlichen und erziehungswissenschaftlichen Wissens entsprechen. Außerdem sollen sie pädagogischen Nutzen stiften, wie zum Beispiel informieren, komplexe Sachverhalte vereinfachen, zur Reflexion anstoßen, differenzierte Verständnishilfen anbieten, für den Lerninhalt motivieren, Vorschläge für die Wiederholung, Anwendung und Vertiefung unterbreiten und einiges mehr."

Und auch nach Rauch und Wurster (1997, S. 25) sowie Sandfuchs (2010, S. 19) zeichnen sich Schulbücher dadurch aus, dass sie ausgewählte, dem neuesten Kenntnisstand entsprechende Lerninhalte systematisch geplant, methodisch aufbereitet und in gut verständlicher Form darbieten. Obgleich an dieser Stelle die Frage nach den Unterschieden zwischen Lehr- und Schulbüchern nicht weiterverfolgt werden kann, gilt es festzuhalten, dass es hinsichtlich der jeweiligen Funktionen deutliche Parallelen zwischen beiden Gattungen gibt. Auch wenn im Folgenden der Fokus auf dem Einsatz von Lehrbüchern in der Hochschule gelegt wird, sollen daher die Erkenntnisse der Schulbuchforschung – sofern dies von der Sache her indiziert ist – mit einbezogen werden. Zu diesem Zweck wird der Arbeit ein neutrales Lehrbuchverständnis zugrunde gelegt:

Ein Lehrbuch (i.F. kurz: pBook) ist ein physisches Objekt, welches papiergebunden ist, d.h. aus einer größeren Anzahl gebundener Blätter besteht und für den Unterricht oder das Selbststudium eines bestimmten Nutzerkreises konzipiert wurde und einen abgegrenzten, aktuellen und wissenschaftlich gesicherten Themenbereich didaktisch aufarbeitet.

Dementsprechend ist

ein *digitales Lehrbuch* (auch e-Textbook, electronic Textbook, elektronisches Lehrbuch, i.f. kurz: eBook), ein für den Unterricht oder das Selbststudium eines bestimmten Nutzerkreises konzipiertes digitales Buch, welches einen abgegrenzten, aktuellen und wissenschaftlich gesicherten Themenbereich didaktisch aufarbeitet und für dessen Nutzung ein Endgerät mit spezieller Software benötigt wird. Werden diese digitalen Lehrbücher um weitere (audio-visuelle) Darstellungsformen und/oder (interaktive) Elemente erweitert, spricht man auch von *multimodalen Lehrbüchern* (auch reflowable digital textbook, multimediales eTextbook, i.f. kurz: mBook).

2.2 Merkmale papiergebundener und digitaler Lehrbücher im Vergleich

Die Begriffsbestimmungen verdeutlichen bereits, dass sich die verschiedenen Lehrbuchformate hinsichtlich einiger Eigenschaften und Merkmale unterscheiden. Diese gilt es im Folgenden herauszuarbeiten und die hieraus resultierenden Chancen und Grenzen digitaler Lehrbücher für den Einsatz im Bildungsbereich zu diskutieren.

2.2.1 *Größe und Gewicht*

Papiergebundene und digitale Lehrbücher unterscheiden sich insbesondere durch ihre äußere Erscheinungsform, welche sich durch verschiedene äußere Merkmale beschreiben lässt.

Für die Produktion von pBooks wird Papier als Zeichenträger genutzt. Dieses wird – in irgendeiner Form – gebunden, so dass der Inhalt „zwischen zwei Buchdeckeln" (Rauch & Wurster, 1997, S. 24) präsentiert wird. Demgegenüber stehen die immateriellen, digitalen Lehrbücher, für deren Verwendung insgesamt mindestens drei Komponenten erforderlich sind: Hardware (z.b. PC; eBook-Reader), Software (z.b. Adobe Acrobat Reader; Kindel-App) und ein eBook-File (z.b. im PDF- oder ePub-Format) (Embong, Noor Azelin M., Hashim, Mahari Ali, & Shaari, 2012, S. 1803). Dementsprechend dienen elektronische Geräte als Zeichenträger für digitale Bücher.

Die unterschiedlichen Zeichenträger (Papier vs. Bildschirm) führen dazu, dass sich die Lehrbuchformen hinsichtlich ihrer Größe und ihres Gewichts unterscheiden. So erfordern die materiellen pBooks nicht nur physischen Platz, sondern haben im Vergleich zu digitalen Büchern auch ein Eigengewicht.

Auch wenn letztere im digitalen Raum existieren und an sich „schwerelos" sind, bedarf deren Benutzung eines Endgeräts (z.B. eBook-Reader oder Laptop) welches eine bestimmte (physische) Größe und ein entsprechendes Gewicht hat. Diese variieren jedoch in Abhängigkeit zu dem verwendeten Gerät. So sind beispielsweise Tablets im Vergleich zu Laptops meist nicht nur kleiner, sondern auch leichter. Je nach Endgerät kann der Transport eines digitalen Buches folglich leichter, aber auch schwerer sein als der der papiergebundene Variante. Digitale Geräte bieten jedoch die Möglichkeit, eine Vielzahl von Büchern komprimiert aufzunehmen. Eine Grenze stellt dabei lediglich der Speicherplatz der Hardware da. Aus diesem Grund nehmen digitale Bücher insbesondere dann, wenn mehrere Bücher transportiert werden sollen, in der Regel nicht nur weniger Platz in Anspruch, sondern sind auch leichter als pBooks (Cavanaugh, 2004, o. S.; Embong et al., 2012, 1804f.).

2.2.2 Haltbarkeit, Wiederverwend- und Weiterverwertbarkeit

Darüber hinaus unterscheiden sich die Lehrbuchformen auch hinsichtlich ihrer „Haltbarkeit". Werden pBooks mehrfach – eventuell auch von unterschiedlichen Personen – benutzt und transportiert, entstehen Gebrauchsspuren, die unter anderem den Spaß am Lesen und Lernen erheblich mindern können (Sandfuchs, 2010, S. 22). Im Gegensatz hierzu werden digitale Lehrbücher durch ihre Benutzung nicht abgenutzt und verlieren nicht an Wert, wodurch die Haltbarkeit der Bücher optimiert wird (siehe hierzu auch Kapitel 2.2.6) (Embong et al., 2012, S. 1804).

Während die Wiederverwendbarkeit von digitalen Lehrbüchern aufgrund der besseren Haltbarkeit höher ausfällt, ist hier jedoch der Verleih bzw. der Weiterverkauf im Vergleich zur papiergebundenen Variante häufig erschwert. So fehlt es bislang an Möglichkeiten, digitale Lehrbücher auf einem legalen Second-Hand-Markt zu erwerben oder wieder zu verkaufen. Dies liegt auch darin begründet, dass diese – gerade weil sie mit einer unbegrenzten Haltbarkeit einhergehen – dutzende Male ohne Wertverlust wieder verkauft werden könnten. Dies hätte jedoch eine massive Schädigung des primären Marktes zur Folge und könnte im schlimmsten Fall zu einer gänzlichen Verdrängung des herkömmlichen Buchhandels führen. Es überrascht daher kaum, dass die Verlage derzeit an Modellen arbeiten, um diesen Problemen entgegenzuwirken. So wird auf der Suche nach Alternativen beispielsweise die Einführung von Kurzzeit-Lizenzen diskutiert, welche den Nutzern die digitalen Lehrbücher zu einem günstigeren Preis für einen bestimmten Zeitraum zur Verfügung stellen (Doering, Pereira, & Kuechler, 2012, S. 11; Musiani & Peserico, 2014, o. S.).

Während die Haltbarkeit der digitalen Bücher deren Werterhalt und eine mögliche Wiederverwertbarkeit erhöhen, gilt es zu beachten, dass durch die Digitalität auch der persönliche bzw. emotionale Bezug der Lernenden zu dem jeweiligen Buch reduziert werden kann. So prägen Eigenschaften wie z.B. der Geruch oder aber auch Abnutzungen oder persönliche Widmungen die „Persönlichkeit des gedruckten Buches", während digitale Bücher hier an Grenzen stoßen und im Vergleich „unpersönlich" sind (Musiani & Peserico, 2014, o. S.).

2.2.3 *Aktualität, Qualität und Verfügbarkeit*

Lehrbücher sollten möglichst dem aktuellen Stand der Wissenschaft entsprechen. In der Regel liegt zwischen dem Verfassen, dem Druck und der anschließenden Veröffentlichung von pBooks eine relativ lange Zeitspanne. Dies geht mit der Gefahr einher, dass die enthaltenen Informationen bereits bei der Veröffentlichung veraltet sind. Im Gegensatz zu den gedruckten Büchern haben digitale Bücher den Vorteil, dass diese jederzeit relativ einfach und schnell überarbeitet werden können (Cavanaugh, 2004, o. S..; Doering et al., 2012, S. 4).

Gerade die Möglichkeit, digitale Inhalte schneller zu entwickeln, zu bearbeiten und online zur Verfügung zu stellen, birgt jedoch die Gefahr eines Qualitätsverlustes. Während papiergebundene Lehrbücher vor ihrer Publikation – nicht zuletzt auch aufgrund höherer Produktionskosten – meist einen langwierigen und streng kontrollierten Produktionsprozess durchlaufen, besteht bei der digitalen Variante die Gefahr, dass hier nicht immer eine angemessene Qualitätsprüfung stattfindet (Lee, Messom, & Yau, 2013, S. 35). Lee et al. (2013, S. 35) betonen in diesem Sinne:

> „It may be necessary to have a formal review process for content if the right is granted to unauthorized personell to modify content as well as to remove outdated content. This can be achieved with the help from editors to oversee the review process, which may involve peer review."

Neben der Aktualität haben elektronische Lehrbücher auch hinsichtlich ihrer Verfügbarkeit deutliche Vorteile gegenüber pBooks. So sind diese nicht nur jederzeit, von (fast) überall, einfach und schnell über das Internet abrufbar (Gregory, 2008, S. 267; Jeong, 2012, S. 391), sondern gehen auch mit einer unbegrenzten Auflage einher. Demgegenüber kann es bei den gedruckten Büchern vorkommen, dass diese irgendwann vergriffen sind und – sofern kein Nachdruck oder der Vertrieb einer weiteren Auflage erfolgt – den Lernenden damit nicht mehr zum Kauf zur Verfügung stehen (Cavanaugh, 2004, o. S.).

2.2.4 *Multimodalität und Flexibilität*

Während sich die papiergebundenen und digitalen Lehrbücher hinsichtlich ihrer Multimedialität nicht grundlegend unterscheiden, kann insbesondere die Multimodalität letzterer das Lernen der Lernenden unterstützen. So stellt speziell die Einbindung von Audio- und Videodateien eine gute Alternative zu den traditionellen, textbasierten pBooks dar (Grell & Rau, 2011, S. 7; Kay & Edwards, 2010, S. 3626). Durch die unterschiedlichen Darstellungsformen werden nicht nur unterschiedliche Sinne (visuell und auditiv), sondern auch differierende Lerntypen angesprochen (Rauch & Wurster, 1997, S. 26; Saeed, Yang, & Sinnappan, 2009, S. 102). Hinzu kommt, dass durch Animationen und Videos eine authentischere Darstellung der Lernobjekte erfolgen kann (Falke, 2009, S. 230).

Darüber hinaus gehen digitale Bücher häufig auch mit einer größeren Flexibilität einher. So eröffnen diese den Lernenden – je nach verwendeter Software – Optionen wie beispielsweise die Veränderung der Sprechgeschwindigkeit, das Umwandeln von Text in Sprache oder aber auch das Stoppen und wiederholte Anhören von Instruktionen bzw. Erklärungen (z.B. bei Videos) (Embong et al., 2012, S. 1806). Durch diese Möglichkeiten sind digitale Lehrbücher barriereärmer und bieten auch für Studierende mit besonderen Bedürfnissen oder Behinderungen deutliche Vorteile (i. A. an Cavanaugh, 2004, o. S.).

Ferner begünstigt der Einsatz digitaler Lehrbücher nicht nur die Rezeption, sondern auch den aktiven und produktiven Umgang der Lernenden mit multimodalen Inhalten. So bieten diese – in Abhängigkeit von der Software – Möglichkeiten wie beispielsweise das Einbinden „verbaler Notizen" in Form von Audio- oder Videoaufnahmen (siehe hierzu Kapitel 2.2.6), oder aber die Lehrbücher können so programmiert werden, dass die Lernenden ein unmittelbares Feedback auf die Bearbeitung von Arbeitsaufgaben erhalten (siehe hierzu Kapitel 2.2.7; Embong et al., 2012, S. 1806).

Digitale Bücher haben folglich hinsichtlich ihrer Multimodalität deutliche Vorteile gegenüber der papiergebundenen Variante. Dennoch gilt es in diesem Kontext zu beachten, dass auch die traditionellen pBooks – insbesondere im schulischen, aber auch gelegentlich im universitären Bereich – häufig nicht nur aus einem Buch als Medium bestehen, sondern in einem Medienverbund existieren. Das bedeutet, dass nicht nur ein Lehrbuch vorliegt, sondern dass darüber hinaus noch weitere Medien (z.B. eine beiliegende CD oder ergänzende Online-Materialien) entwickelt wurden, welche wechselseitig aufeinander abgestimmt sind und jeweils spezifische Funktionen erfüllen (Rauch & Wurster, 1997, S. 24). Die Innovativität von digitalen Lehrbüchern ist folglich weniger deren Multimodalität als die Vereinigung aller Elemente in einem Medium.

2.2.5 *Navigation und Orientierung*

Papiergebundene Bücher zeichnen sich hauptsächlich durch ihre Linearität und Statik aus. Die Navigation erfolgt dabei meist von vorne nach hinten, durch Umblättern der physischen Seiten. Demgegenüber stehen die digitalen Bücher, durch welche – je nach Format, Software und Endgerät – nicht nur durch „digitales Umblättern", sondern auch durch Scrollen oder Zoomen navigiert werden kann. Da die Nutzer so das subjektiv effektivste Verfahren wählen können, wird der Lese- und Lernprozess flexibler gestaltet (McFall, Dahm, Hansens, Johnson, & Morse, 2004, S. 3957).

Ferner bestehen digitale Bücher aus digitalem Text, was es ermöglicht, dem Buch eine Hypertextstruktur zugrunde zu legen. Hypertextsysteme „sind durch eine nichtlineare (vernetze) Repräsentation von Informationseinheiten in der Datenbasis, der sog. Hypertextbasis gekennzeichnet" (Tergan, 2002, S. 99). In dieser Hypertextbasis werden die Informationen in Form von Knoten und elektronischen Verknüpfungen zwischen Knoten repräsentiert („Hyperlinks"). Die Aktivierung eines Hyperlinks – z.B. durch einen Mausklick – führt dazu, dass die mit dem jeweiligen Knoten verknüpften Informationen aufgerufen werden und auf dem Bildschirm erscheinen (Tergan, 2002, S. 101). Hierdurch können auch andere in- und externe Ressourcen in digitale Bücher eingebunden bzw. mit ihnen verknüpft werden (Cavanaugh, 2004, o. S.). Die in diesem

Kontext häufig aufgestellte These, dass durch eine Hypertextstruktur das Lernen und der Wissenserwerb gefördert werden können, wird durch empirische Studien bislang nicht bestätigt. Vielmehr sprechen Indizien dafür, dass hierdurch die Gefahren der Desorientierung („lost in hyperspace") und der kognitiven Überlastung erhöht werden, da viele Lernenden noch nicht über die benötigten Lernvoraussetzungen zur effektiven Nutzung der Hypertextstruktur verfügen (Tergan, 2002, S. 104; siehe hierzu auch Kapitel 2.3.2).

Angesichts dieser Problematiken der Hypertextstruktur überrascht es kaum, dass den heute erhältlichen digitalen Büchern meist eine – an traditionelle Bücher angelehnte – lineare Struktur zugrunde liegt, welche dann durch Hyperlinks, in Form von klar vordefinierten Pfaden, erweitert wird. Diese Pfade bestehen aus fest verknüpften Knoten, die eine bestimmte Reihenfolge der Bearbeitung der Informationen vorgeben bzw. auf andere Textstellen verweisen und dadurch eine bessere Orientierung und Navigation durch den Hypertext ermöglichen (Tergan, 2002, S. 104). Typisch ist in diesem Kontext beispielsweise der Einsatz von Hyperlinks zur Verknüpfung verschiedener Kapitel bzw. Abschnitte eines Buchs.

Darüber hinaus haben digitale Lehrbücher gegenüber pBooks den Vorteil, dass sie meist über eine Suchfunktion verfügen, mit Hilfe derer das Buch gezielt hinsichtlich bestimmter Schlagwörter durchsucht werden kann. Auch hierdurch kann die Navigation erleichtert werden (McFall et al., 2004, S. 3958; Shepperd, Grace, & Koch, 2008, S. 2). Allerdings ermöglichen pBooks aufgrund ihrer physischen Existenz eine bessere räumliche Orientierung, was einen Vorteil gegenüber der digitalen Variante darstellt. Neben grundlegenden, buchimmanenten Orientierungs- und Navigationshilfen bestehen auch für den Lernenden unterschiedliche Möglichkeiten, wichtige Buchstellen zu kennzeichnen. Dies erfolgt meist durch Markierungen und Notizen.

2.2.6 Markierungen und Notizen

Sandfuchs (2010, S. 22) betont, dass das Lernen mit dem (papiergebundenen) Buch sowie die hier gegebenen Möglichkeiten zum Anstreichen, Hervorheben, Anmerken, Nachlesen und Nachschlagen einen eigenen Wert haben. Dies führt zu der Frage, ob diese Funktionen von digitalen Büchern nicht gleichermaßen erfüllt werden können.

Eine der offensichtlichsten Markierungen, die die Orientierung bzw. Navigation erleichtern, ist das Anfertigen von „Esels-Ohren". Hierdurch kann bei gedruckten Büchern sofort erkannt werden, welche Seiten des Buchs dem Lesenden wichtig erscheinen und welche nicht. Das Äquivalent bei digitalen Büchern hierzu ist die Lesezeichen-Funktion. Mit Hilfe eines digitalen Lesezeichens können auch bei vielen digitalen Büchern Seiten markiert und somit besser auffindbar gemacht werden (McFall et al., 2004, S. 3958). Auch das Markieren und das Hinzufügen von Notizen ist bei vielen digitalen Büchern möglich. So eröffnet beispielsweise der Adobe Acrobat Reader – der häufig zum Lesen von PDFs benutzt wird – zahlreiche Bearbeitungsmöglichkeiten. Diese reichen vom Anfertigen von Markierungen (in unterschiedlichen Farben) bis hin zum Verknüpfen des Buchinhaltes mit anderen Dateien (z.B. Audio-Aufnahmen) (siehe Abbildung 1). Da diese Funktionen jedoch nicht von jeder Software gleichermaßen unterstützt werden, unterscheiden sich die digitalen Bücher hinsichtlich ihrer Bearbeitungsmöglichkeiten deutlich voneinander (Embong et al., 2012, S. 1805; McFall et al., 2004, S. 3957).

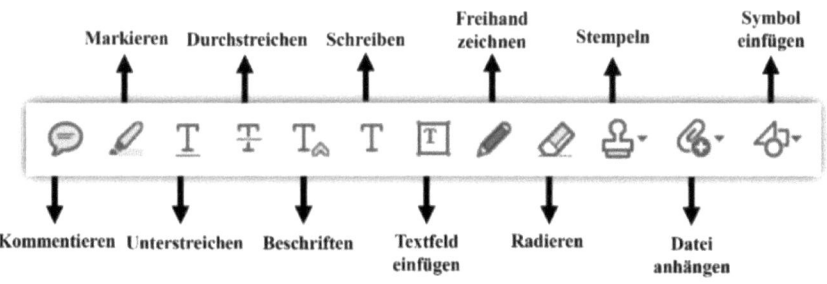

Abbildung 1: Bearbeitungsmöglichkeiten im Adobe Acrobat Reader DC (eigene Darstellung)

Digitale Markierungen und Notizen lassen sich meist relativ leicht wieder entfernen. Hierin liegt ein weiterer Vorteil digitaler Bücher, denn bei papiergebundenen Büchern sind diese meist permanent und hinterlassen Gebrauchsspuren, die deren Wert und damit auch die Chancen der Wiederverwertbarkeit mindern (Embong et al., 2012, S. 1805; McFall et al., 2004, S. 3957). Dies ist auch ein Grund dafür, warum insbesondere bei geliehenen, papiergebundenen Büchern Anstreichungen und das Anfertigen eigener Notizen im Buch selbst meist nicht gestattet sind (Sandfuchs, 2010, S. 22). Einen Vorteil bieten digitale Lehrbücher auch dann, wenn die Lernenden z.b. am Computer eine eigene Zusammenfassung in einem externen Dokument erstellen möchten. Hier ist es, je nach verwendeter Software möglich, Textabschnitte aus dem Originalwerk zu kopieren und in ein externes Dokument einzufügen (Shepperd et al., 2008, S. 2).

2.2.7 *Interaktivität und Kollaborationsmöglichkeiten*

Die bisherigen Ausführungen verdeutlichen, dass digitale Lehrbücher (in Abhängigkeit von Soft- und Hardware) verschiedene Eingriffs- und Steuerungsmöglichkeiten eröffnen. So können die Lernenden unter anderem die Art der Darstellung (z.B. Text vs. Ton) ihren individuellen Interessen und Bedürfnissen anpassen (siehe hierzu Kapitel 2.2.4) oder auch selbst gestalterisch tätig werden, indem sie dem digitalen Lehrbuch selbst Markierungen oder Notizen – z.B. auch im Audio- oder Videoformat – hinzufügen (siehe hierzu Kapitel 2.2.6). Darüber hinaus ist es auch möglich, interaktive Elemente (z.B. ein Lernquiz) in die digitalen Bücher einzubinden und das Ganze so zu programmieren, dass der Lernende direkt ein Feedback zur Korrektheit seiner Antworten erhält („Programmierter Unterricht") (Embong et al., 2012, S. 1806). In diesem Sinne eröffnen digitale Lehrbücher neue Möglichkeiten der Interaktivität.

Ferner führt die Kombination des elektronischen Formates mit der Interaktivität auch dazu, dass eine Kollaboration der Lernenden untereinander gefördert werden kann. Je nach verwendeter Software ist es den Lernenden möglich, die eigenen Markierungen und Notizen mit unterschiedlichen Nutzern (z.B. den Mitlernenden oder der Lehrperson) zu teilen, um so beispielsweise kollaborativ an einem Text zu arbeiten (McFall et al., 2004, S. 3958).

2.3 Herausforderungen bei der Arbeit mit digitalen Lehrbüchern

Die Gegenüberstellung der Merkmale von papiergebundenen und digitalen Lehrbüchern zeigt, dass letztere ein großes Potential bergen, das Lernen zu fördern. Dennoch zeigt sich in der Praxis, dass deren Einführung im Bildungsbereich eine große Herausforderung darstellt, da es hierfür zunächst zahlreiche Probleme und Herausforderungen zu bewältigen gilt (Lee et al., 2013, S. 32). Diese werden nachfolgend erörtert.

2.3.1 *Verfügbarkeit, Kompatibilität und Zuverlässigkeit der Technik*

Im Gegensatz zu papiergebundenen Büchern – welche unmittelbar und ohne weitere (technische) Hilfsmittel genutzt werden können – erfordert der Einsatz von digitalen Lehrbüchern das Vorhandensein und Funktionieren von insgesamt drei Komponenten: Hardware, Software und eBook-File (siehe Kapitel 0). Dies geht mit zahlreichen technischen, aber auch finanziellen und personellen Herausforderungen einher, die nachfolgend kurz erläutert werden.

Die Vielzahl an unterschiedlichen eBook-Formaten (z.B. PDF, ePub, txt und html) und Endgeräten macht es erforderlich, dass bei der Anschaffung digitaler Lehrbücher deren Kompatibilität mit der technischen Ausstattung sichergestellt wird. Für den Einsatz von eBooks sind zwei Formen der Kompatibilität erforderlich: die Software- und die Hardware-Kompatibilität. Erstere liegt vor, wenn eine Anwendung (z.B. ein eBook) ohne Formatumwandlung auf unterschiedlichen Endgeräten genutzt werden kann. Demgegenüber bezeichnet die Hardware-Kompatibilität die direkte Nutzbarkeit einer Anwendung auf einem Endgerät, ohne dass weiteres Equipment oder die Installation einer bestimmten Software erforderlich sind (Lee et al., 2013, S. 34). Der Lernende ist bei der Verwendung digitaler Lehrbücher jedoch nicht nur auf die Kompatibilität, sondern auch auf das fehlerfreie Funktionieren von Hard- und Software angewiesen. Technische Probleme können u.a. dazu führen, dass die Lernenden keinen Zugriff auf ihre digitalen Bücher haben oder dass Daten (z.B. Notizen oder die Bücher selbst) verloren gehen (Lee et al., 2013, S. 35; Shepperd et al., 2008, S. 2).

Eine weitere, zentrale Voraussetzung für die reibungslose Nutzung von digitalen Lehrbüchern stellt die Verfügbarkeit von Elektrizität dar. In diesem Sinne betonen Embong et al. (2012, S. 1805), dass es in Unterrichtsräumen meist eine limitierte Anzahl an Steckdosen gäbe, was den Lernenden die ununterbrochene Verfügbarkeit der eBooks bzw. Nutzung der Endgeräte erschwere. Ähnliches gilt auch für den Zugang zum Internet. Sind die digitalen Bücher nicht offline, sondern nur online verfügbar, abrufbar oder downloadbar, muss sichergestellt werden, dass die Lernenden mit ihrem Endgerät auf das Internet zugreifen können. Dabei gilt es zu beachten, dass insbesondere der Download von multimedialen Lehrbüchern ein hohes Datenvolumen erfordert (Lee et al., 2013, S. 35).

Um die Nutzung digitaler Lehrbücher zu ermöglichen, bedarf es folglich einer adäquaten technischen Ausstattung, die von der Anschaffung kompatibler Hard- und Software bis hin zu dem Aufbau einer guten Netzwerkinfrastruktur reicht. Auch wenn die digitalen Lehrbücher in ihrer Produktion und Anschaffung im Verhältnis zur papiergebundenen Alternative meist kostengünstiger sind, sollten die mit deren Nutzung verbundenen Kosten nicht unterschätzt werden. So gilt es neben den Anschaffungs-, Betriebs-, Instandhaltungs-, Aufrüstungs- und Entsorgungskosten auch personelle Ressourcen (für die Einstellung neuer Mitarbeiter („Support") und die entsprechende (technische und didaktische) Schulung des bereits bestehenden Personals) einzukalkulieren (Lee et al., 2013, S. 34). Vor allem letzteres ist eine zentrale Voraussetzung für den störungsfreien Einsatz sowie die Ausnutzung des eigentlichen Potentials digitaler Lehrbücher.

2.3.2 *Ausschöpfung des Potentials digitaler Lehrbücher*

Eine technische und didaktische Schulung der Lehrenden ist eine wesentliche Voraussetzung für die erfolgreiche Einführung digitaler Lehrbücher, denn diese verändern nicht nur die Art und Weise des Lesens, sondern auch des Lehrens und Lernens (Jeong, 2012, S. 403). Aus diesem Grund müssen die Lehrenden – die häufig erst wenig Erfahrung im Umgang mit diesem Medium haben – für die Nutzung digitaler Lehrbücher aufgeschlossen und motiviert werden. Sie

19

sollten deren Chancen und Grenzen kennenlernen und Willens sein, den eigenen Unterricht anzupassen bzw. zu verändern (Doering et al., 2012, S. 5; Embong et al., 2012, S. 1805).

Die Lehrpersonen stehen zudem vor der Herausforderung auch die Lernenden an die effektive Nutzung der digitalen Lehrbücher heranzuführen:

„Students may need instruction on effective ways to read and use electronic texts. In research that is currently underway preliminary findings indicate that students have never received an formal instruction on reading strategies that apply to electronic forms of text." (Cavanaugh, 2004, o. S.)

Damit die Lernenden das Potential digitaler Lehrbücher gänzlich ausschöpfen können, müssen die im Umgang mit papiergebundenen Büchern herausgebildeten Gebrauchsschemata überwunden und neue entwickelt werden (Rezat, 2014, S. 10). Es sind aber nicht nur die Fähig- und Fertigkeiten der Lehrenden und Lernenden, die dazu führen, dass das eigentliche Potential digitaler Lehrbücher bislang wenig ausgeschöpft wird. Neben den Gebrauchsschemata kommt insbesondere auch den buchimmanenten Möglichkeiten und Beschränkungen bei der Ausschöpfung des Potentials eine wesentliche Bedeutung zu. So wurde bereits in der Einleitung erörtert, dass es sich bei den bislang erhältlichen eBooks primär um Eins-zu-eins-Übertragungen der papiergebundenen Variante handelt. In diesem Sinne kritisiert beispielsweise auch Macgilchrist (2012, S. 199) für den schulischen Bereich, dass es dort bislang kein digitales Lehrbuch gäbe, welches es den Lernenden ermögliche, Inhalte selbst zu verändern, zu produzieren oder zu verbreiten. Neben der prinzipiellen Verfügbarkeit multimodaler und interaktiver digitaler Lehrbücher tragen auch Urheberrechtsregelungen dazu bei, dass die digitalen Materialien nicht immer in all ihren Möglichkeiten nutzbar sind. So führen speziell eingeschränkte Berechtigungen (z.B. das Verbot der Nutzung des digitalen Lehrbuchs außerhalb des schulischen Endgeräts; keine Speichermöglichkeiten) dazu, dass die Nutzungsmöglichkeiten digitaler Lehrbücher stark begrenzt werden (Doering et al., 2012, S. 4; Ebner, Schön, & Vlaj, 2014, S. 7).

Insgesamt kann folglich konstatiert werden, dass das Potential digitaler Lehrbücher in der Praxis bislang kaum ausgeschöpft wird. Um dies zu verändern ist neben einer entsprechenden Qualifizierung der Lehrenden und Lernenden auch die Produktion sowie die Verfügbarkeit entsprechender Lehrwerke entscheidend.

2.4 Zusammenführung

Digitale Lehrbücher bergen ein großes Potential. So sind diese meist nicht nur kompakter und leichter zu transportieren als die papiergebundene Variante, sondern gehen auch mit einer unbegrenzten Haltbarkeit einher. Hierdurch eröffnen sich wiederum neue Chancen der Wiederverwend- und Weiterverwertbarkeit. Dies ist insbesondere für Bildungsinstitutionen, in denen die Lehrbücher meist von einer Vielzahl unterschiedlicher Personen genutzt werden, von Relevanz. So können Lernende hier z.b. beliebig viele Markierungen und Notizen einfügen, die aber leicht wieder zu entfernen sind, so dass keine Gebrauchsspuren und Abnutzungen entstehen. Zudem sind digitale Lehrbücher im Vergleich zur gedruckten Variante – sofern eine Internetverbindung zur Verfügung steht – jederzeit, von überall, einfach und schnell verfügbar. Da langwierige Druck- und Produktionsprozesse entfallen, sind digitale Lehrbücher überdies nicht nur schneller erhältlich, sondern können auch einfacher aktualisiert werden. Dies eröffnet die Möglichkeit, die digitalen Lehrbücher jederzeit, schnell und einfach auf den neusten Stand der Wissenschaft zu bringen. Das größte Potential digitaler Lehrbücher besteht jedoch darin, dass diese durch ihre Multimodalität, Flexibilität, Interaktivität sowie die unterschiedlichen Navigations- und Orientierungsmöglichkeiten den Bedürfnissen der Lernenden flexibler angepasst werden können. Dies kann das Lernen positiv beeinflussen.

Der Einsatz digitaler Lehrbücher stößt jedoch auch an Grenzen. So besteht einerseits die Notwendigkeit sicherzustellen, dass – aufgrund des kürzeren und günstigeren Produktionswegs – auf der inhaltlichen Ebene keine Qualitätsverluste entstehen. Andererseits hängen die Möglichkeiten der Bearbeitung sowohl von der genutzten Software als auch von den Urheberrechtsregelungen der Herausgeber ab. Dies führt dazu, dass nicht jedes digitale Lehrbuch die Nutzung von Markierungen und Notizen ermöglicht. Zudem stellt sich ein möglicher Wiederverkauf als problematisch dar und auch auf der emotionalen Ebene weisen papiergebundene Bücher ein größeres Potential auf („Persönlichkeit des Buchs"). Die Einführung digitaler Lehrbücher in Bildungsinstitutionen bringt darüber hinaus einige Herausforderungen mit sich, die von der Sicherstellung der Verfügbarkeit, Kompatibilität und Zuverlässigkeit der Technik, über die Bewältigung der hiermit verbundenen Kosten bis hin zur angemessenen Schulung der beteiligten Akteure reichen. So verändert die digitale Form nicht nur die Art und Weise des Lesens, sondern auch die des Lehrens und Lernens mit Lehrbüchern. Dies erfordert sowohl auf Seiten der Lehrenden als auch der Lernenden neue Kompetenzen, die es zu vermitteln gilt.

Zusammenfassend lässt sich festhalten, dass die digitalen Lehrbücher viele Vor-, aber auch Nachteile gegenüber der gedruckten Variante haben. Diese stehen jedoch in einer engen Abhängigkeit zu der jeweiligen digitalen Lehrbuchform (eBook oder mBook). Auf Basis der Ausführungen lässt sich an dieser Stelle schlussfolgern, dass die unterschiedlichen Lehrbuchformate (pBook, eBook, mBook) aufgrund ihrer unterschiedlichen Merkmale und Besonderheiten das Lernen der Lernenden unterschiedlich beeinflussen können. Welcher Zusammenhang zwischen den Lehrbüchern und dem Lernerfolg besteht, gilt es in den nächsten Kapiteln zu diskutieren.

3 Lehrbücher und Lernerfolg

Die Hauptfunktion von Lehrbüchern ist die Förderung des Lernens der Zielgruppe (siehe Kapitel 2.1.3). Lernen – und insbesondere erfolgreiches Lernen – mit Lehrbüchern ist jedoch an zahlreiche Voraussetzungen geknüpft. Diese gilt es in diesem Kapitel darzulegen und zu diskutieren. Aufbauend auf einer begrifflichen Annäherung an das Konstrukt „Lernerfolg" werden hierfür Überlegungen zur Konzeption und Gestaltung lernförderlicher Lehrbücher angestellt. Im Anschluss folgt eine kurze Darstellung des aktuellen Forschungsstandes. Abschließend werden die zentralen Erkenntnisse zusammengeführt.

3.1 Lernerfolg – eine begriffliche Annäherung

In diesem Unterkapitel gilt es, ausgehend vom Lernbegriff und den Bedingungen erfolgreichen Lernens sowie basierend auf Überlegungen zur Messbarkeit erfolgreichen Lernens eine Annäherung an das Konstrukt „Lernerfolg" vorzunehmen.

3.1.1 *Lernen – eine begriffliche Annäherung*

Die Frage danach, was Lernen ist und wie und wodurch es vollzogen wird, gehört seit Anbeginn zu den zentralsten Fragen der Pädagogik. Die Lernverständnisse fallen dabei jedoch sehr unterschiedlich aus. So wurde und wird unter Lernen u.a. ein göttlicher Erkenntnisakt (Parmenides), die Übernahme fremden Wissens durch Unwissende (Sophisten), die Wiedererinnerung (Sokrates und Platon), das geleitete Aneignen von Wissen (Rousseau), das eigenständige vernünftige Hervorbringen (Kant), ein rezeptiver Akt (Fichte), eine Verhaltensänderung (Skinner), ein Reiz- und Reaktionszusammenhang (Hull), die Speicherung von Informationen (Hunt), die Assimilation und Akkommodation von Wissen (Piaget), ein kognitiver Aneignungsprozess (Ausubel) oder auch eine strukturelle Koppelung (v. Glaserfeld) verstanden (Mitgutsch, 2009, S. 8).

Auch wenn diese exemplarische Auflistung verdeutlicht, dass es sehr unterschiedliche Perspektiven auf das Lernen gibt, wird in den meisten Fällen unter Lernen „die Aneignung, *das sich zu Eigen machen*, das Aufnehmen von *etwas*" (Mitgutsch, 2009, S. 8; Herv. i. O) verstanden. Dabei gibt es wiederum Unterschiede dahingehend, was dieses *etwas* ist. So verdeutlicht beispielsweise der erweiterte Lernbegriff von Klippert (2010, S. 31), dass Lernen nicht nur auf einer inhaltlich-fachlichen, sondern auch auf einer methodisch-strategischen, sozial-kommunikativen oder auch affektiven Ebene stattfinden kann. Lernen ist folglich nicht gleichzusetzen mit der Aneignung von Wissen, sondern ist ein mehrdimensionales Konstrukt.

In der Lernpsychologie hat sich heute ein aus drei Komponenten bestehender Lernbegriff weitestgehend durchgesetzt (siehe hierzu z.B. Gage & Berliner, 1996, S. 230; Hasselhorn & Gold, 2009, 37f.):

23

1. Lernen ist ein *Prozess* und benötigt Zeit. Ein Lernprozess hat erst dann stattgefunden, wenn sich zwischen zwei unterschiedlichen Zeitpunkten eine Veränderung des Verhaltens einstellt (Gage & Berliner, 1996, S. 231).
2. Lernen basiert auf *Erfahrungen*. Von anderen Veränderungsprozessen (z.B. Reifungs- und Degenerationsvorgängen) unterscheidet sich der Prozess des Lernens insbesondere dadurch, dass er unmittelbar an Erfahrung gebunden ist und von mentalen Prozessen begleitet wird (Hasselhorn & Gold, 2009, S. 38). Lernen geschieht in diesem Sinne immer in Folge eines Austauschs zwischen Individuum und Umwelt (Gage & Berliner, 1996, S. 231).
3. Lernen führt zu *Verhaltensveränderungen*. Am Ende jeden Lernprozesses steht ein Produkt des Lernens, welches sich in Verhaltensveränderungen äußert. Diese müssen sich jedoch nicht unmittelbar in dem beobachtbaren Verhalten der Lernenden niederschlagen, sondern können auch erst in zukünftigen Handlungen und Verhaltensweisen zu Tage treten (Hasselhorn & Gold, 2009, S. 38).

In diesem Sinne ist Lernen nicht nur die Aneignung von etwas, sondern ein komplexer und mehrdimensionaler Prozess, bei dem es in Folge von Erfahrungen zu Veränderungen im Verhalten der Lernenden kommt. Ein Lernprozess hat folglich nicht nur Effekte auf das Wissen, sondern auch auf die Handlungsweisen des Lernenden. Diese Definition wird den folgenden Ausführungen zugrunde gelegt. Dennoch ist an dieser Stelle anzumerken, dass dieses Verständnis noch viele Aspekte des Lernbegriffs ungeklärt lässt. So wird beispielsweise nicht deutlich, was genau den Kern von Lernprozessen kennzeichnet und welche Art von Erfahrungen Lernprozesse auslösen können (siehe hierzu Hasselhorn & Gold, 2009, S. 38). Eng verknüpft ist hiermit zugleich auch die Frage danach, was genau Lernen erfolgreich macht. Zahlreiche Lerntheorien haben sich mit eben dieser Frage beschäftigt. Deren Ausführung würde an dieser Stelle jedoch zu weit führen.[4] Aus diesem Grund wird im Folgenden der Ablauf der kognitiven Prozesse weitestgehend ausgeblendet und der Fokus auf mögliche Wechselwirkungszusammenhänge beim Lernen mit Medien gelegt.

---

[4] Für eine Übersicht zu Lerntheorien siehe z.B. Baumgart (2007); Holzkamp (1995) und Terhart (2009)

3.1.2 Bedingungen erfolgreichen Lernens mit Medien

Tergan (2004a, S. 146) hat ein Modell entwickelt, welches die Komplexität möglicher Wechselwirkungszusammenhänge der Bedingungen erfolgreichen Lernens mit Medien verdeutlicht. Demnach nehmen vier Kontexte Einfluss auf den Lernerfolg der Individuen: der individuelle Lernkontext, der Anwendungskontext, der Technologie-Kontext und der pädagogische Kontext (siehe Abbildung 2).

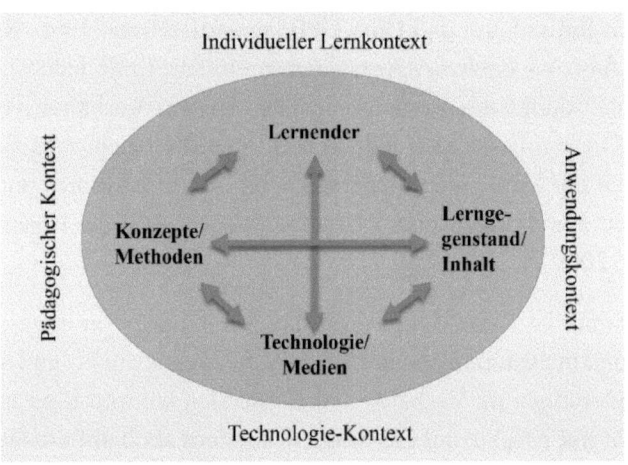

Abbildung 2: Lernerfolgsrelevante Kontexte und Komponenten (i. A. an Tergan, 2004a, S. 146)

Der *individuelle Lernkontext* umfasst die allgemeinen, persönlichen Rahmenbedingungen, in denen Lernen stattfindet und die das Lernen beeinflussen können. Hierzu gehören beispielsweise die individuellen Bildungsabschlüsse und Lernerfahrungen, die verfügbare Lernzeit sowie der Lernort, Zugangs- und Zugriffsmöglichkeiten auf die erforderlichen Medien und Lernressourcen, aber vor allem auch die lernrelevanten Merkmale auf Seiten der Lernenden. So wirken sich Persönlichkeitsmerkmale (z.B. Lerntyp, Vorstellungsvermögen), kognitive (z.B. Vorwissen, Lernstrategien, Medienkompetenz) und soziale Merkmale (z.B. Teamfähigkeit, Kommunikationsfähigkeit) sowie Merkmale individueller Emotionen (z.B. intrinsische oder extrinsische Motivation am Lerninhalt, Akzeptanz des Lernangebots) und die jeweiligen Interessen auf den

25

Lernerfolg aus (Tergan, 2004b, S. 18). In diesem Sinne schlussfolgert Tergan (2004b, S. 19), dass Lernerfolg nur dann erwartet werden kann,

> „[…] wenn die Voraussetzungen auf Seiten der Lernenden den Anforderungen des Lernangebots angemessen sind, d.h. wenn sie den Anforderungen des Lerngegenstandes/Inhalts, den Anforderungen der medialen Darbietung des Lerngegenstandes/Inhalts und des medienbasierten Lernens sowie den Anforderungen der jeweils realisierten didaktischen Konzeption entsprechen.‟

Neben dem individuellen Lernkontext kommt im Hinblick auf den Lernerfolg auch dem *Anwendungskontext* eine wichtige Rolle zu. Dieser entspricht der Praxis der Wissensanwendung. Er ist einerseits durch den Ort und die Situation der Wissensanwendung (z.B. Arbeitsplatz, Studium) und andererseits durch allgemeine kognitive, emotionale und soziale Anforderungen bei der Bewältigung praktischer Aufgabenstellungen gekennzeichnet. Für die Gestaltung lernförderlicher Lernangebote ist es notwendig, die Anforderungen, d.h. die Fähig- und Fertigkeiten, die zur erfolgreichen Bewältigung der Aufgabenstellung erforderlich sind, zu analysieren. Darauf aufbauend gilt es dann den Inhalt zu selektieren bzw. zu entwickeln und gezielt authentische Aufgaben- und Problemstellungen auszuwählen. Nur so kann sichergestellt werden, dass die Inhalte des Lernangebots den Erwerb des angestrebten Wissens ermöglichen. Ferner nehmen auch weitere Merkmale des Lerngegenstandes wie die Authentizität (z.B. Realitätsnähe, Komplexität), die sachliche Korrektheit, die Kodierungsform (z.B. Text, Abbildung, Animation) sowie die Art der Inhalte (z.B. abstrakter Text, Beispiele) Einfluss auf den Lernerfolg (Tergan, 2004b, S. 19).

Auch die technischen Rahmenbedingungen (z.B. die Ausstattung mit Hard- und Software) sowie das verwendete Medium und dessen Eigenschaften nehmen Einfluss auf den Erfolg eines Lernangebots (*Technologie-Kontext*). Medien unterscheiden sich unter anderem hinsichtlich der jeweiligen Möglichkeiten der medialen Darstellung von Inhalten (z.B. Einbindung multimodaler Inhalte), der Lerner-System-Interaktion (z.B. Bearbeitungsmöglichkeiten, Möglichkeiten zur Nutzung von Hyperlinks) und der Eignung für die Umsetzung didaktischer

Methoden (z.B. Möglichkeiten der Selbststeuerung). Um die Lernenden bestmöglich zu unterstützen, sollten die Medien so ausgewählt und gestaltet sein, dass diese den Voraussetzungen auf Seiten der Lernenden entsprechen und den Anforderungen des Gegenstandsbereichs gerecht werden (Tergan, 2004b, S. 21).

Nicht zuletzt nimmt auch der *pädagogische Kontext*, konkreter die für die Entwicklung des Lernangebots handlungsleitende pädagogisch-psychologische Theorie des Lernangebots bzw. das spezifische Instruktionsdesign-Modell, Einfluss auf den Erfolg der Lernenden. Die Methoden der Aufbereitung, Organisation und Sequenzierung von Lerninhalten sowie die der Mediendidaktik (Medienwahl, Mediendesign) müssen ebenso wie die Maßnahmen zur Lernunterstützung und -förderung (Individualisierung, Feedback etc.) den Voraussetzungen auf Seiten der Lernenden angepasst werden, den Lernprozess unterstützen und den Lernzielen, den Anforderungen des Gegenstandsbereichs sowie den Anforderungen der eingesetzten Technologien und medialen Darstellungsformen entsprechen (Tergan, 2004b, S. 20).

Das Modell verdeutlicht, dass die Rahmenbedingungen, die Informationsgestaltung sowie die eingesetzten Medien und didaktischen Methoden in Wechselwirkung miteinander stehen und das Lernen beeinflussen. Dennoch betont Tergan (2004b, S. 16), dass eine gute Gestaltung des Lernangebots allein noch nicht zwangsläufig zu einem höheren Lernerfolg führt. Vielmehr entscheide der Lernende durch sein Vorgehen beim Lernen darüber,

„ob und welche Informationen eines Lernangebots über Wahrnehmungsprozesse ihr Gehirn erreichen, dort entsprechend eigenen Intentionen (Lernzielen) bzw. entsprechend den Anforderungen einer Aufgabenstellung weiterverarbeitet, mit bestehenden Wissensstrukturen durch konstruktive kognitive Prozesse verknüpft und damit Bestandteil des individuellen Wissens werden." (Tergan, 2004b, S. 17)

Entscheidend für erfolgreiches Lernen sind demzufolge die Aktivitäten der Lernenden selbst sowie deren Motivation. In diesem Sinne sind auch die Medien letztlich nur Träger des Lernangebots, deren Effektivität durch die jeweilige Nutzung des Lernenden bestimmt wird (Tergan, 2004b, S. 17). Obwohl Medien nur einen begrenzten Einfluss auf den Lernerfolg nehmen, verdeutlicht Tergans Modell jedoch auch, dass unterschiedliche Medienmerkmale verschiedene Nutzungsweisen nahelegen und differierende Lerngelegenheiten eröffnen. Somit kann davon ausgegangen werden, dass im Hinblick auf die Verwendung papiergebundener und digitaler Lehrbücher, auf Grund deren differierender Merkmale (siehe hierzu Kapitel 2.2), Unterschiede bestehen, welche sich gegebenenfalls auch auf den Lernerfolg auswirken können.

3.1.3 *Die Problematik der Messung von Lernerfolg*

Die Ermittlung des Kosten-Nutzen-Verhältnisses ist bei Maßnahmen im Bildungsbereich angesichts begrenzter Ressourcen (Zeit, Geld etc.) unerlässlich. So stellt sich auch beim Lernen mit digitalen Medien zunehmend die Frage nach der Wirksamkeit eben dieser auf den Lernerfolg (Zwingenberger, 2009, S. 21). Die vorhergehenden Ausführungen haben aber verdeutlicht, dass Lernerfolg bzw. erfolgreiches Lernen ein sehr komplexes Konstrukt ist, welches vielfältige Dimensionen (z.B. kognitiv, emotional, sozial etc.) umfasst und von zahlreichen Faktoren beeinflusst wird.

Diese Problematiken werden noch dadurch ergänzt, dass der Lernerfolg in der Regel nicht oder nur sehr schwer beobachtbar ist. Dies trifft in besonderem Maße auf den kognitiven Lernerfolg zu. So ist menschliches Wissen zwar für den jeweiligen Besitzer im Denken erlebbar und im Handeln nutzbar, bleibt aber für Außenstehende in den neuronalen Netzen verborgen (Ballstaedt, 1997, S. 1) und ist in diesem Sinne nicht direkt beobachtbar (Zwingenberger, 2009, S. 21). Die Veräußerung bzw. Kommunikation individuellen Wissens erfordert daher Darstellungsformen wie beispielsweise Texte und Bilder (Ballstaedt, 1997, S. 1). Um (kognitiven) Lernerfolg messen zu können, bedarf es folglich der Nutzung von Kommunikationsmitteln.

Im Bildungsbereich werden hierfür meist Tests genutzt. Dafür ist es jedoch notwendig, das Konstrukt des Lernerfolgs zu operationalisieren. Dies erfolgt im Rahmen der Evaluation von Bildungsmaßnahmen meist durch die Definition von Lernzielen (Schaumburg & Rittmann, 2001, S. 351; Zwingenberger, 2009, S. 21). Das hat zugleich zur Konsequenz, dass die Lernziele nicht nur bestimmen was in dem jeweiligen Fall unter Lernerfolg zu verstehen ist. Vielmehr implizieren diese zugleich auch das Aufgabenformat, welches zu deren Überprüfung verwendet werden muss. So unterscheidet beispielsweise Mayer (2001, S. 15) zwei Lernziele (Erinnern und Transfer) und betont, dass je nach verfolgtem Lernziel die Überprüfung des Lernerfolgs auf unterschiedliche Weise erfolgen muss. So äußert sich nach Mayer die Erinnerungsleistung in den Fähigkeiten des Lernenden, das präsentierte Material zu reproduzieren oder wiederzuerkennen und kann demnach vor allem durch gezielte Wissensabfragetests oder Multiple-Choice-Tests überprüft werden. Demgegenüber äußert sich der Transfer durch die Anwendung des Gelernten in neue Situationen und wird in Folge dessen vor allem durch Transfer-Tests festgestellt (siehe Tabelle 1).

Goal	Definition	Test	Example test item
Remembering	Ability to reproduce or recognize presented material.	Retention	Write down all you can remember from the passage you just read.
Understanding	Ability to use presented material in novel situations.	Transfer	List some ways to improve the reliability of the device you just read about.

Tabelle 1: Two Goals of Multimedia Learning (aus: Mayer, 2001, S. 16)

Während Mayer zwei Arten kognitiver Lernziele unterscheidet, gibt es weitere Autoren, die noch weiter ausdifferenzierte Lernzieltaxonomien erstellt haben. Einer der wichtigsten Vertreter ist hierbei Benjamin S. Bloom (Zwingenberger, 2009, S. 21). Seine Taxonomie umfasst sechs Lernziele: Wissen, Verstehen, Anwenden, Analyse, Synthese und Bewertung bzw. Evaluation. Inhaltlich sind diese anschlussfähig an Mayers Unterscheidung der Lernziele und können als eine Ausdifferenzierung eben dieser verstanden werden (siehe Tabelle 2).

Lernziel	Definition	Kategorie	Beispiel
Wissen	= das Erinnern von Besonderheiten, Allgemeinheiten, Methoden, Prozessen, Mustern, Strukturen oder Festlegungen.	Erinnern Stufe I	Benenne die 10 Merkmale guten Unterrichts.
Ver-stehen	= die niedrigste Ebene des Begreifens. Der Lernende weiß Bescheid, worüber kommuniziert wird und dass er das Material oder die Idee, von der die Rede ist, benutzen kann, ohne es unbedingt mit anderem Material in Beziehung zu setzen oder seine umfassendste Bedeutung zu erkennen.	Erinnern Stufe II	Erkläre die 10 Merkmale guten Unterrichts.
An-wenden	= der Gebrauch von Abstraktionen (z.B. Theorien, Methoden, Regeln) in besonderen und konkreten Situationen.	Erinnern Stufe III	Lese dir das Bei-spiel durch. Wel-ches Merkmal gu-ten Unterrichts wird hier be-schrieben?
Analyse	= das Zerlegen einer Nachricht in ihre grundlegenden Elemente/ Teile, so dass eine Hierarchie von Ideen klar und/oder die Beziehungen zwischen den ausgeführten Ideen deutlich gemacht wird.	Transfer Stufe IV	Analysiere, wel-che der 10 Merk-male guten Unter-richts in der Un-terrichtsplanung berücksichtigt wurden.
Synthese	= das Zusammenfügen von Elemen-ten und Teilen zu einem Ganzen (z.B. durch Ordnen, Strukturieren) das vorher noch nicht klar erkenntlich war.	Transfer Stufe V	Entwickle eine ei-gene Unterrichts-stunde unter Be-rücksichtigung der 10 Merkmale gu-ten Unterrichts.
Bewer-tung/ Eva-luation	= (quantitative oder qualitative) Ur-teilsbildung über den Wert von, für bestimmte Zwecke bestimmte Mate-rialien/ Methoden, unter Benutzung einer Bewertungsnorm.	Transfer Stufe VI	Beurteile die Un-terrichtsstunde da-hingehend, ob es sich um guten Un-terricht handelt oder nicht.

Tabelle 2: Lernzieltaxonomie nach Bloom (1972, 217ff.) (eigene Darstellung)

Die bisher vorgestellten Lernzieltaxonomien beschränken sich primär auf den kognitiven Bereich. Wie die Ausführungen zeigen, kann die Überprüfung des Erreichens dieser Lernziele durch Tests bzw. Lernerfolgskontrollen erfolgen. Eine solche Messung des Lernerfolgs stößt aber insbesondere dann an Grenzen, wenn es neben der fachlichen Qualifikation auch um die Überprüfung überfachlicher Lernziele wie beispielsweise kritisches Denken, Kreativität, Kommunikationsfähigkeit oder Teamfähigkeit geht (Schaumburg & Rittmann, 2001, S. 351). Da der Fokus im Rahmen dieser Arbeit jedoch auf Lehrbüchern liegt, die vornehmlich zur Wissensvermittlung dienen und damit primär das Erreichen kognitiver Lernziele verfolgen, soll diese Problematik hier nicht weiter vertieft werden.

3.1.4 *Zusammenführung*

Wie der Lernbegriff selbst ist auch Lernerfolg ein komplexes Konstrukt. Im Kern ist Lernen ein Prozess, bei dem es in Folge von Erfahrungen zu Veränderungen im Verhalten der Lernenden kommt. Pädagogische Interventionen verfolgen meist bestimmte Lernziele. Diese definieren, was in dem jeweiligen Kontext unter Lernerfolg zu verstehen ist. In diesem Sinne wird dann von erfolgreichem Lernen gesprochen, wenn der Lernende im Anschluss an eine Intervention über das gewünschte Wissen verfügt bzw. das (vom Lehrenden) angestrebte Verhalten zeigt. Da Lernprozesse und damit auch Lernerfolge schwer zu beobachten sind, erfolgt die Feststellung meist über Tests bzw. Leistungsüberprüfungen.

Tergans Modell zu den Wechselwirkungszusammenhängen der Bedingungen erfolgreichen Lernens verdeutlicht, dass Lernen meist nicht durch ein einfaches Reiz-Reaktionsschema (Intervention → Auftreten des gewünschten Verhaltens) dargestellt werden kann. Vielmehr steht der pädagogische Kontext in einem komplexen Wechselwirkungszusammenhang mit den verwendeten Technologien/Medien, den Lerngegenständen/Inhalten und dem individuellen Lernkontext. Insbesondere letzterer – und damit der Lernende mit seinen Fähigkeiten, Motiven und Eigenschaften selbst – entscheidet darüber, ob Lernen (erfolgreich) stattfindet oder nicht.

Die Konzeption und Gestaltung bzw. das (didaktische) Design der Lernmaterialien stellt somit nur einen Faktor in einem komplexen Gefüge von Lernbedingungen dar. Dennoch kommt Lernmaterialien eine wichtige Bedeutung zu, da sich diese – im Gegensatz zu vielen anderen Bedingungen der Lernumwelt – beeinflussen und verändern lassen (Ballstaedt, 1997, S. 13). In diesem Sinne gilt es, aufbauend auf den bisherigen Erkenntnissen, im nächsten Kapitel zu analysieren, was es bei der Konzeption und Gestaltung lernförderlicher Lehrbücher zu beachten gilt.

3.2 Konzeption und Gestaltung lernförderlicher Lehrbücher

Es gilt Lehrbücher so zu konzipieren und gestalten, dass sie das Lernen optimal fördern. Um dies bestmöglich zu gewährleisten, sollte sich deren Gestaltung an wissenschaftlich fundierten Regeln orientieren (Schlösser, 2012, S. 63). Einige dieser Regeln gilt es innerhalb dieses Unterkapitels zu erörtern. Hierzu werden neben allgemeinen didaktischen Anforderungen auch Aspekte der typografischen und medialen Ausgestaltung von Lehrbüchern diskutiert.

3.2.1 *Didaktische Anforderungen an lernförderliche Lehrbücher*

Die Konstruktion und Gestaltung von Lehrbüchern – und in besonderem Maße die von Schulbüchern – wird seit jeher didaktisch reflektiert und diskutiert. So orientierte sich bereits Comenius bei der Erarbeitung seiner Schulbücher an selbst entwickelten Regeln einer erfolgreichen Schulbuchgestaltung (Nezel, 1996, S. 62). In Anlehnung an Nezel (1996, 62f.) lassen sich diese Regeln wie folgt zusammenfassen:

1. Jedes Schulbuch sollte für mehrere Unterrichtszwecke und -bereiche verwendbar sein (z.B. beinhalten Bücher für den Sprachunterricht auch geschichtliche oder gesellschaftliche Thematiken und eröffnen damit auch Möglichkeiten für ein fächerübergreifendes Lernen).
2. Um die Lernenden zu entlasten, gilt es die Schulbücher verständlich zu gestalten und an das Vorwissen anzupassen („Jede neue Sprache sollte an einem bereits bekannten Stoff erlernt werden" (Nezel, 1996, S. 62)).

32

3. Durch die Einbindung von Bildern, z.B. als Visualisierungsmittel oder als eigenständige Informationsträger, sollte der Betrachter zu weiterem Erkennen und Lernen angeregt werden.

4. Durch die Auswahl attraktiver Lerngegenstände müssen Schulbücher Neugier und Freude am Erkennen wecken.

5. In der Natur ist die Anordnung der Dinge unverrückbar. Ein Schulbuch muss seine Teile in eine Anordnung bringen, die der realen Weltordnung entspricht. Aus diesem Grund sind die Inhalte in Schulbüchern in ihren gewachsenen Zusammenhängen darzustellen. Dies fördert auch das Begreifen und Behalten des Stoffes durch die Lernenden.

6. Das Lehrbuch muss so aufgebaut sein, dass es ein abgestuftes Lernen vom Konkreten zum Abstrakten, vom Einfachen zum Komplexen ermöglicht. In diesem Sinne sollte der Inhalt nach dem Prinzip eines Baums angeordnet werden: Das relativ stabile Grundwissen bildet den Stamm, das Aufbauwissen die Äste und das sich schneller wandelnde Spezialwissen die Zweige.

7. Um ein leichteres Lernen zu ermöglichen, bedarf es einer Rhythmisierung des Betrachtens und Lesens. Es ist daher sicherzustellen, dass jedes Schulbuchkapitel (in der Regel eine Doppelseite) das gleiche Erscheinungsbild hat und dass in dieser Folge jedes Umblättern etwas Vertrautes vermittelt.

8. Wichtige Schulbücher sollten durch Dramatisierungen ihres Stoffes im Sinne von Schulspielen (z.B. durch Theateraufführungen) ergänzt werden.

Diese im 17. Jahrhundert von Comenius entwickelten Kriterien haben weitestgehend auch heute noch Bestand (Nezel, 1996, 57ff.). So betont beispielsweise Sandfuchs (2010, S. 21), dass sich gute Schulbücher u.a. dadurch auszeichnen, dass sie die Lerninhalte anschaulich, verständlich, gut les- und lernbar und unter Einbezug unterschiedlicher Darstellungsformen (Text, Bilder, Graphiken, Tabellen) in nachvollziehbaren Lernschritten sowie einem steigenden Schwierigkeitsgrad darbieten. Auch Grafs (1984, S. 32) pädagogische-didaktische Forderungen an Lehrbücher sind an die Regeln von Comenius anschlussfähig. Demnach sollten Lehrbücher (1) angemessen orientieren, motivieren, reaktivieren und Assoziationen schaffen, (2) exemplarisch vorgehen und dadurch die

Stofffülle reduzieren sowie (3) die Inhalte „portionieren", reduzieren und dem Schrittmaß des Erkennens, Erfassens und Behaltens anpassen.

Doch selbstverständlich gibt es auch über diese Regeln hinaus noch weitere Faktoren, die es bei der Konzeption und Gestaltung von Lehrbüchern zu beachten gibt. So betont Sandfuchs (2010, S. 22), dass gute Lehrbücher von fachlichen Experten verfasst und auf die Förderung zentraler Lernziele und Basiskompetenzen fokussiert sein sollten. Ferner sollten gute Lehrbücher nach Sandfuchs neben den Inhalten auch Lernstrategien und Arbeitstechniken vermitteln, produktive Übungen mit unterschiedlichen Schwierigkeitsgraden zulassen, Hinweise zur Arbeit mit unterschiedlichen Methoden („Differenzierung") enthalten und ästhetisch ansprechend gestaltet sein (Sandfuchs, 2010, S. 22).

Die Ansprüche an die didaktische Gestaltung von Lehrbüchern sind folglich sehr hoch. Neben inhaltlichen und inhaltlich-strukturellen Entscheidungen wird anhand dieser Regeln zugleich deutlich, dass auch eine didaktisch begründete typografische Ausgestaltung von Lehrbüchern erfolgen muss. So spricht Comenius von der Notwendigkeit einer Rhythmisierung des Betrachtens und Lesens (Kriterium 7), Sandfuchs (2010, S.21) fordert eine gute Lesbarkeit und auch Graf (1984, S. 32) betont, dass die Inhalte durch die typografische Gestaltung zu unterstützen sind. Aus diesem Grund gilt es nachfolgend zu erörtern, wie eben dies zu erreichen ist.

3.2.2 *Empfehlungen für die typografische Gestaltung von Lehrbüchern*

Die typografische Gestaltung eines Lehrbuchs nimmt nicht nur Einfluss auf die Lern- und Lesemotivation, sondern kann auch Wahrnehmungs- und Lernprozesse stimulieren und in diesem Zuge die Behaltensleistung der Lernenden erhöhen (Röhrbein, 1984, S. 198; Schlösser, 2012, S. 73). Somit verfolgt die Typografie von Lehrbüchern nicht nur das Ziel der Sicherstellung einer guten Lesbarkeit. Vielmehr soll sie die Lernenden auch zum Lesen anreizen und motivieren und hat die Aufgabe, den Lernenden die Anordnung der Inhalte zu verdeutlichen, so dass diese die relevanten Informationen mit angemessenem Aufwand finden und erfassen können (Nadolski, 1984, S. 13). Um das zu erreichen, muss sich die Typografie insbesondere an zwei Grundaspekten orientieren: dem thematischen Inhalt und der Struktur des gegebenen Textes sowie den Adressaten des Lehrbuchs (Kratky, 1984, S. 88).

Auch wenn die Typografie an den jeweiligen Inhalt sowie die Zielgruppe individuell anzupassen ist, lassen sich – in Anlehnung an Schlösser (2012, 117ff.) – dennoch verschiedene, empirisch fundierte makro- und mikrotypografische Regeln zusammenfassen, welche die Grundlage für eine lernförderliche Gestaltung von Lehrbüchern bilden:

1. *Format:* Im Hinblick auf eine flexible Handhabung sollte das Format des Lehrbuchs nicht von konventionellen Standardformaten abweichen. Neben den Seitenverhältnissen (1:2. 2:3, 3:5, 5:8) ist auch auf einen lesefreundlichen Satzspiegel zu achten: Bund-, Kopf-, Außen- und Fußsteg sollten in den Verhältnissen 2:3:4:5, 2:3:4:6 oder 2:3:5:6 zueinanderstehen.

2. *Satzbild*: Buchstaben-, Wort- und Zeilenabstände sollten aufeinander abgestimmt und Ungleichmäßigkeiten (z.B. Lücken) vermieden werden.

3. *Schrift*: Die Schriftgröße ist zwischen 9 und 12 pt zu wählen. Um den Leser zu unterstützen, gilt es zudem einen schlichten, klaren und schnörkellosen Schrifttyp zu nutzen.

4. *Zeilenlänge*: Bei einem einspaltigen Satz variiert die Länge optimalerweise zwischen 50 und 70 Zeichen.

5. *Strukturierungen*: Um sich optisch klar von dem Fließtext abzugrenzen, sollten Kapitelüberschriften etwas größer gestaltet werden. Zudem kann durch eine Hervorhebung (z.B. Kursivierung, Fettdruck) einzelnen Wörtern oder Passagen eine visuelle und inhaltliche Priorität verliehen werden.

6. *Orientierungshilfen*: Eine gute Gliederung und ein darauf aufbauendes, logisch strukturiertes Inhaltsverzeichnis ist eine wichtige Übersichts- und Orientierungshilfe für die Lernenden und sollte daher ein selbstverständlicher Bestandteil des Lehrbuchs sein.

7. *Farbgestaltung*: Für einen lesefreundlichen Lehrbuchtext ist eine stimmige und ausgeglichene Farbgestaltung grundlegend. Dabei gilt es die jeweiligen Farbbedeutungen zu beachten (z.B. Rot = Aktivität, Blau = Intellektualität, Gelb = Intuition).

Diese Regeln wurden primär für Druckerzeugnisse entwickelt. Nach Köhler (2002, 260ff.) lassen sich diese daher nicht uneingeschränkt auf Bildschirmpublikationen – und damit auch nicht auf digitale Lehrbücher – übertragen. So betont Köhler unter anderem, dass hier aufgrund des größeren Leseabstands eine größere Schriftgröße (ca. 12-14 pt) notwendig sei. Ferner sollte nach ihm auch auf eine neutrale Hintergrundfarbe und einen deutlichen Kontrast zwischen Text und Hintergrund geachtet werden.

Schlösser (2012, S. 121) betont, dass die benannten Kriterien zunächst vermeintlich selbstverständlich erscheinen, in der Praxis aber oftmals zu wenig Beachtung fänden. Für eine lern- und motivationsförderliche Gestaltung von Lehrbüchern ist die Einhaltung der benannten typografischen Regeln jedoch von zentraler Bedeutung.

3.2.3   *Empfehlungen für die lernförderliche Gestaltung mit Multimedia*

Die in Kapitel 3.2.1 aufgeführten Regeln für die Gestaltung lernförderlicher Lehrbücher verdeutlichen, dass diesbezüglich auch dem Einbezug unterschiedlicher Darstellungsformen (Text, Bilder, Graphiken, Tabellen) ein wichtiger Stellenwert beizumessen ist. In dieser Konsequenz gilt es auch hinsichtlich deren Auswahl und Gestaltung verschiedene Kriterien zu beachten.

Mayer (2001, S. 42) beschäftigt sich in seiner „Kognitiven Theorie des multimedialen Lernens" im Kern mit der Frage, wie eben solche multimedialen Lernumgebungen gestaltet werden müssen, die mit dem menschlichen Lernen kompatibel sind und dieses bestmöglich unterstützen. Das Fundament seiner Theorie bilden dabei drei Annahmen, welche durch empirische Befunde der Kognitionsforschung über die Natur des menschlichen Lernens begründet werden (Mayer, 2001, 41ff., 2003, S. 129; Mayer & Moreno, 2003, 43ff.):

1. Die „Zwei-Kanal"-These: Menschen besitzen für die Verarbeitung von visuellen und auditiven Informationen zwei separate Kanäle.
2. Die „Begrenzte Kapazität"-These: Diese zwei Kanäle sind jeweils hinsichtlich des Umfangs an Informationen, welche sie zeitgleich verarbeiten können, begrenzt.

3. Die These der „aktiven Weiterverarbeitung": Menschen lernen aktiv, indem sie ihre Aufmerksamkeit auf relevante Informationen lenken, diese selektieren und in kohärente mentale Repräsentationen organisieren und schließlich letztere in die bereits bestehenden mentalen Repräsentationen (das Vorwissen) integrieren (siehe Abbildung 3).

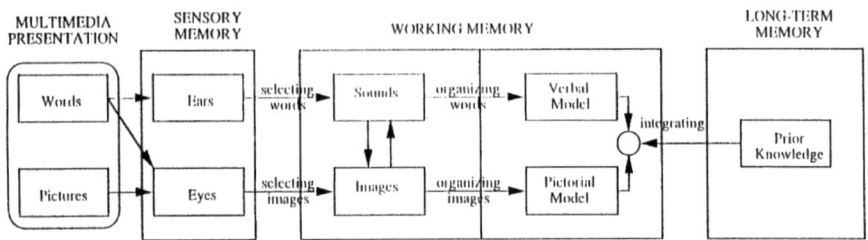

Abbildung 3: Cognitive theory of multimedia learning (aus: Mayer, 2001, S. 44)

Basierend auf dieser Theorie und begründet durch empirische Befunde, leitet Mayer (2001, 63ff) insgesamt sieben Prinzipien ab, welche es bei der Gestaltung multimedialer Lernmaterialien zu beachten gilt:

1. Das Multimedia-Prinzip

Das Multimedia-Prinzip besagt, dass Lernen effektiver verläuft, wenn die Erklärung durch eine Kombination aus Wort und Bild und nicht durch Wörter alleine erfolgt (Mayer, 2003, S. 131). Diese These wird auch von zahlreichen empirischen Studien belegt (z.B. Ginns, 2005; Mayer & Moreno, 2002).

Bei einer Kombination von (gesprochenem oder gedrucktem) Wort und Bild ist jedoch zu beachten, dass die Sinneskanäle und der kognitive Arbeitsspeicher nicht interferieren bzw. überlastet werden (Mayer, 2001, S. 49; Weidenmann, 2009, S. 82). Um dies zu verhindern, gilt es daher, bei der Gestaltung multimedialer Lernmaterialien noch weitere Prinzipien zu beachten.

2. Das *Kohärenz-Prinzip*

Eine Gefahr bei der Gestaltung multimedialer Lernmaterialien besteht darin, dass irrelevantes Material (z.b. Wörter, Bilder, Sounds, Musik etc.) eingefügt wird, welches keinen Beitrag zum Lernverständnis leistet, aber dennoch die begrenzte Kapazität des jeweiligen Kanals bzw. des Arbeitsgedächtnisses in Anspruch nimmt und damit das Lernen stört (Mayer, 2003, 132f.). In diesem Sinne besagt das Kohärenz-Prinzip, dass Lernen mit Multimedia erfolgreicher verläuft, wenn auf den Einbezug von irrelevanten Wörtern, Bildern, Sounds und Musik verzichtet wird und die Erläuterungen kurz und fokussiert dargelegt werden (Mayer, 2001, 132f., 2003, 132f.).

3. Das *Modalitäts-Prinzip*

Da die Kapazität des auditiven, wie auch des visuellen Kanals begrenzt ist, gilt es das Material so auszuwählen, dass möglichst beide Sinnesmodalitäten (visuell und auditiv) beansprucht werden. Während beispielsweise die Darstellung eines Inhaltes durch Bilder und geschriebenen Text nur den visuellen Kanal beansprucht, wird durch eine Kombination von Bildern bzw. Animationen mit gesprochenem Text der visuelle Kanal dadurch entlastet, dass ein Teil der Informationen über den auditiven Kanal verarbeitet wird.

Das Modalitäts-Prinzip besagt daher, dass Lernen mit Multimedia dann erfolgreicher verläuft, wenn Bilder bzw. Animationen in Kombination mit gesprochenem Text präsentiert werden (Mayer, 2001, S. 134).

4. Das *Redundanz-Prinzip*

Das Kohärenz- und das Modalitäts-Prinzip verdeutlichen, dass Lernen dann erfolgreich verläuft, wenn unnötige bzw. irrelevante Inhalte vermieden und beide Sinneskanäle aktiviert werden. Hieran ist auch das Redundanz-Prinzip anschlussfähig. Dieses betont, dass auf eine Dopplung der Informationen z.B. in Form von geschriebenem und auditivem Text verzichtet werden sollte, um eine Überlastung des visuellen Kanals zu vermeiden. So gilt es beispielsweise bei der Gestaltung von Präsentationen darauf zu achten, dass der gesprochene Text nicht noch einmal auf einer Präsentationsfolie notiert wird. Das Lernen erfolgt demnach erfolgreicher, wenn eine auditive Erläuterung durch Bilder/ Animationen und nicht durch Text visualisiert wird (Mayer, 2001, 147ff.). Bei einer Kombination von Bild/Animation und Text sind auch die Prinzipien der räumlichen und zeitlichen Kontinuität zu beachten.

5. Das Prinzip der räumlichen Kontinuität

Das Prinzip der räumlichen Kontinuität besagt, dass Lernen erfolgreicher verläuft, je näher zusammengehörende Wörter und Bilder im physischen bzw. virtuellen Raum aneinander platziert werden. Dies liegt darin begründet, dass durch die gleichzeitige Präsenz der Informationen im Arbeitsgedächtnis die auditiven und visuellen Informationen besser integriert werden können (Mayer, 2003, 133f.). Werden korrespondierende Inhalte weiter voneinander entfernt dargestellt, müssen die Lernenden höhere kognitive Ressourcen aufwenden, um nach einer Verbindung zwischen den Materialien zu suchen (Mayer, 2001, S. 81).

6. Das Prinzip der zeitlichen Kontinuität

Speziell bei animiertem Material kommt neben der räumlichen auch der zeitlichen Kontinuität der dargestellten Inhalte für das erfolgreiche Lernen eine wichtige Bedeutung zu. Die Begründung hierfür korrespondiert wiederum mit der des Prinzips der räumlichen Kontinuität: Werden zusammengehörige Erläuterungen und Animationen zur gleichen Zeit präsentiert, fällt es den Lernenden leichter Verknüpfungen zwischen der verbalen und visuellen Repräsentation zu bilden, als wenn diese nicht simultan erscheinen (Mayer, 2001, S. 96).

7. Das Prinzip der individuellen Differenzen

Mayer (2001, 161ff.) betont, dass sich die benannten Design-Prinzipien vor allem positiv auf jene Lernenden auswirken, die über ein geringes Vorwissen verfügen. Nach ihm liegt dies darin begründet, dass Personen mit einem hohen Vorwissen mögliche Mängel bei der Gestaltung der Lernmaterialien besser kompensieren können. Die Berücksichtigung der benannten Prinzipien ist folglich insbesondere bei der Konzeption von Lernmaterialien für Lernende mit geringem Vorwissen elementar.

Neben diesen sieben Prinzipien, die sich direkt bzw. indirekt aus Mayers „Kongitiver Theorie des multimedialen Lernens" ableiten lassen, benennen Mayer und Moreno (2002, 96f.) noch ein weiteres Prinzip, welches das Lernen mit Multimedia effektivieren kann:

8. Das Personalisierungs-Prinzip

Empirische Studien liefern Indizien dahingehend, dass Lernende von einer Animation und Erklärung dann am meisten profitieren, wenn die Erklärung nicht in einem formalen, sondern gesprächs- bzw. dialogorientierten Stil dargeboten wird. So werden die Lernenden beispielsweise durch das Hinzufügen der ersten und zweiten Person („Ich" und „Du" bzw. „Sie") persönlich integriert, wodurch der Lernerfolg steigt (Mayer & Moreno, 2002, 96f.).

3.2.4 Zusammenführung

Die Ausführungen in diesem Kapitel verdeutlichen, wie komplex die Anforderungen an die Konzeption und Gestaltung lernförderlicher Lehrbücher sind. Werden diese Kriterien berücksichtigt, ist das Fundament für das erfolgreiche Lernen der Lernenden mit Hilfe des Lehrbuchs gelegt. Dennoch gilt es an dieser Stelle erneut zu betonen, dass das Medium selbst nur ein Element eines komplexen Lernarrangements ist und zahlreiche weitere Faktoren den Erfolg der Lernenden beeinflussen (siehe Kapitel 3.1.2). Blömeke (2003, S. 75) zieht daraus zusammenfassend die Konsequenz,

„dass eine einfache Aussage in der Form ‚Das neue Medium X bewirkt, dass die Schülerinnen und Schüler den Gegenstand Y besser erlernen.‘ nicht möglich ist, sondern dass die Interaktion der Faktoren Lehr-Lernziel, instruktionale Unterstützung, Vorwissen der Schülerinnen und Schüler in Form von themenspezifischen Kenntnissen und medienspezifischen Fertigkeiten, Interessen und Einstellungen sowie Lernstrategien mit dem Medium und die Interaktion der Faktoren untereinander Berücksichtigung finden müssen.“

Abschließend lässt sich festhalten, dass die Gestaltung von Lehrbüchern eine notwendige, aber keineswegs hinreichende Bedingung erfolgreichen Lernens darstellt. Dennoch lassen die obigen Ausführungen vermuten, dass auch das jeweilige Lehrbuchformat einen Einfluss auf den Lernerfolg nehmen kann. So liefert Mayers „Kognitive Theorie des Multimedialen Lernens“ Hinweise dahingehend, dass sich insbesondere der Einsatz von mBooks positiv auf den Lernerfolg auswirken könnte, da diese zwei Sinneskanäle ansprechen. Ob diese These stimmt, gilt es im Folgenden zu erörtern.

3.3   Der aktuelle Forschungsstand

In den vorangestellten Kapiteln wurde deutlich, dass sich die verschiedenen Lehrbuchformate (pBook, eBook, mBook) in vielerlei Hinsicht unterscheiden. Zudem wurde die Hypothese aufgestellt, dass dies auch Auswirkungen auf den Lernerfolg der Lernenden haben könnte. Ob und wie genau diese beiden Variablen in Zusammenhang stehen, ist jedoch bislang noch weitestgehend ungeklärt. Aus diesem Grund wird nachfolgend der aktuelle Forschungsstand zu der Frage „Welchen Einfluss nimmt die Lehrbuchform auf den Lernerfolg?“ aufgearbeitet.

Ferner nehmen bei der Arbeit mit digitalen Lehrbüchern unterschiedliche Faktoren Einfluss auf den Lese- und Lernprozess und können damit auch den Lernerfolg direkt oder indirekt beeinflussen. Um den Einfluss des Lehrbuchformats auf den Lernerfolg analysieren zu können, gilt es daher auch den aktuellen Forschungsstand hinsichtlich solcher potenzieller Einflussfaktoren darzulegen.

3.3.1 *Welchen Einfluss nimmt die Lehrbuchform auf den Lernerfolg?*

Während in Deutschland – eigenen Recherchen zu Folge – bislang keine Studie durchgeführt wurde, welche explizit den Zusammenhang zwischen der verwendeten Lehrbuchform und dem Lernerfolg untersucht, gibt es in der internationalen Forschung einige Studien, die sich mit dieser Frage beschäftigen.

Jeong (2012, S. 394) fasst in einem Review 14 Studien zusammen, die eBooks und pBooks im Zeitraum von 1989 bis 2009 hinsichtlich des Leseverständnisses vergleichend untersucht haben. Insgesamt kamen laut Jeong drei dieser Studien zu dem Ergebnis, dass eBooks zu einem höheren Leseverständnis führen als pBooks, acht Studien berichten von einem gegenteiligen Resultat und in drei Studien waren keine Unterschiede festzustellen. Die Heterogenität dieser Befunde wird auch durch eigene Recherchen weitestgehend bestätigt. Bei einem Großteil der insgesamt 16 gesichteten Studien wird kein Zusammenhang zwischen dem jeweiligen Lehrbuchformat und dem Lernerfolg festgestellt. Vier Studien berichten aber auch von einer Überlegenheit der gedruckten gegenüber der digitalen Variante und eine kommt zumindest partiell zu dem gegenteiligen Ergebnis (siehe Tabelle 3).

Es stellt sich folglich die Frage, wie diese unterschiedlichen Ergebnisse zustande kommen. Die tabellarische Gegenüberstellung der gesichteten Studien zeigt, dass sich diese in zahlreichen Parametern unterscheiden. So differieren nicht nur die Stichprobengrößen und die verwendeten Endgeräte, sondern insbesondere auch die Verständnisse von „Lernerfolg" sowie die Art und Weise, wie eben dieser überprüft wird. So reicht beispielsweise letzteres von Multiple-Choice-Tests, über Reproduktionsfragen bis hin zu dem Heranziehen der Kursnote oder gar von Selbsteinschätzungen der Lernenden (siehe Tabelle 3).

Studie	N	Form	End-geräte	Lernerfolg: Verständnis & -überprüfung	Ergebnis
Rockinson-Szapkiw et al. (2013)	538	eBook	PC, eBook-Reader, Laptop, Tablets	Kognitives Lernen; Selbsteinschätzung	eBook = pBook
				Affektives & psychomotorisches Lernen; Selbsteinschätzung	eBook > pBook
Porion et al., (2016)	72	eBook	PC	Leseverständnis; Test	eBook = pBook
Tuncer & Bahadir (2014)	38	(?)	PC	?; Leistungstest (50 Fragen)	eBook = pBook
Yager & Szabo (2014)	207	(?)	PC	?;Leistungstest	eBook = pBook
Daniel & Woody (2013)	289	eBook	PC; CD-Rom	?; 30 Quizfragen (je 10 leicht, mittel, schwer)	eBook = pBook
Dundar & Akcayir (2012)	20	eBook	Tablet	Leseverständnis; Test	eBook = pBook
Siebenbrunner (2011)	233	(m)Book (eBook + weitere Materialien)	?; Website	?; 4 Tests (je 70 Multiple-Choice-Fragen)	eBook = pBook
Taylor (2011)	74	eBook	PC; CD-Rom	Leseverständnis; Multiple-Choice-Test	eBook = pBook
Kang et al. (2009)	20	eBook	eBook-Reader	?; 5 Reproduktionsfragen pro Kapitel	eBook = pBook
Shepperd et al. (2008)	392	eBook	PC; CD-Rom	?; Kursnote	eBook = pBook
McFall (2005)	?	(?)	Tablet-PCs	?; Kursnote	eBook = pBook
Garland & Noyes (2004)	30	eBook	PC; Web-browser	?; Multiple-Choice (20 Fragen)	eBook = pBook
Mangen et al. (2013)	72	eBook	PC	Leseverständnis; Test	eBook < pBook

Kim & Kim (2013)	108	eBook	PC	Textverständnis; Test	eBook < pBook
Jeong (2012)	56	eBook	PC	?; Lesequiz (Multiple-Choice)	eBook < pBook
Macedo-Rouet et al. (2003)	47	Hyper-text (eBook)	PC	Leseverständnis; Multiple-Choice-Test (17 Fragen)	eBook < pBook

Tabelle 3: Lernerfolg und Lehrbuchformat: der aktuelle Forschungsstand (eigene Darstellung)

Darüber hinaus zeigen sich aber auch Unterschiede dahingehend, was unter einem „digitalen Buch" zu verstehen ist. Bei einem Großteil der Studien wurde mit eBooks – also klassischen Eins-zu-eins-Übertragungen der papiergebundenen Variante – gearbeitet, die die neuen Möglichkeiten der digitalen Medien nicht nutzen. In einer Studie von Macedo-Rouet et al. (2003) wurde den eBooks zusätzlich eine Hypertext-Struktur zugrunde gelegt. Diese empirische Untersuchung kam zu dem Ergebnis, dass die Lernenden, die mit diesem eBook gearbeitet haben, in dem Multiple-Choice-Test ein geringeres Leseverständnis aufwiesen, als die Studierenden, die die papierpasierten Variante nutzten. Dieses Ergebnis ist anschlussfähig an die unter Kapitel 2.2.5 angestellten Überlegungen hinsichtlich der Probleme einer Hypertextstruktur und deren Auswirkungen auf den Lernerfolg. Multimodale Inhalte wurden lediglich in der empirischen Untersuchung von Siebenbrunner (2011) eingebunden. Jedoch lag auch hier kein reines mBook vor, da die multimodalen Inhalte nicht buchimmanent waren, sondern additiv über externe Quellen zur Verfügung gestellt wurden. Aus diesem Grund erscheint es auch wenig überraschend, dass in dieser Studie im Hinblick auf den Lernerfolg keine Unterschiede festzustellen waren.

Aufgrund dieser Heterogenität sind die Forschungsergebnisse folglich wenig überraschend. Die Frage nach dem Einfluss des Lehrbuchformats (pBook, eBook, mBook) auf den Lernerfolg lässt sich folglich noch nicht zufriedenstellend beantworten. Insbesondere zur Wirkung von mBooks auf das Lernen und den Lernerfolg liegen bislang kaum aussagekräftige Forschungsergebnisse vor. Studien aus anderen Bereichen zeigen jedoch, dass die Einbindung von multimodalen Elementen (wie z.B. Videos) den Lernerfolg von Studierenden positiv beeinflussen kann (siehe z.B. Avgerinou & Petterson, 2008; Ginns, 2005; Mayer & Moreno, 2002; Saeed et al., 2009). Auf Basis dieser Befunde lässt sich demnach argumentieren, dass auch mBooks den Lernerfolg positiv beeinflussen können. Es fehlt aber eine Studie, die diese These überprüft und den Einfluss der drei unterschiedlichen (Repräsentations-)Formen von Lehrbüchern (pBook, eBook, mBook) auf den Lernerfolg vergleichend analysiert.

3.3.2 Welche weiteren Faktoren könnten den Lernerfolg beeinflussen?

Aufgrund der komplexen Wechselwirkungszusammenhänge können neben dem Lehrbuchformat auch noch weitere Faktoren den Lernerfolg beeinflussen. So verdeutlichen die theoretischen Ausführungen, dass die Kompetenzen der Lernenden hinsichtlich der Arbeit mit den unterschiedlichen Lehrbuchformaten einen Einfluss auf deren Lernerfolg nehmen können. Hierzu liegen eigenen Recherchen zufolge bislang jedoch noch keine Studien vor.

Eng mit den Kompetenzen im Zusammenhang kann auch die Geschwindigkeit, mit der die Lernenden mit den Lehrbüchern arbeiten, stehen. Einige Studien weisen darauf hin, dass die *Lesegeschwindigkeit* bei digitalen Lehrbüchern langsamer ist als die bei pBooks. So kommen beispielsweise Daniel und Woody (2013) zu dem Ergebnis, dass das Lesen von eBooks etwa 7% länger dauert als das von pBooks. Auch nach einer Studie von Connell, Bayliss, & Farmer (2012) sind digitale Bücher weniger zeiteffizient als die gedruckte Variante. Daniel und Woody (2013, S. 19) führen zwei Argumente an, um zu erörtern, wie diese Unterschiede in der Lesedauer entstehen: Zum einen könne dies nach ihnen daran liegen, dass digitale Bücher im Vergleich zu pBooks zusätzliche auditive oder visuelle Komponenten beinhalten, wodurch sich durch die Bearbeitungszeit verlängere. Zum anderen betonen Daniel und Woody (2013, S. 19), dass auch das Lesen von einem Bildschirm die Lesezeit negativ beeinflussen könne. Letzterem widerspricht jedoch das Ergebnis einer Studie von Lartigue, Rutledge, & Rice (2013, S. 1050), die einen Vergleich der Lesegeschwindigkeit bei gedruckten und elektronischen Texten zogen, die sie über ein iPad (2,6%-5,8% schneller) und einen Kindle DX (4,3%-6,5% schneller) bereitstellten.

Diese Studie liefert Indizien dafür, dass nicht alle Bildschirme gleichermaßen zu einer Verlängerung der Lesezeit beitragen und dass diese, insbesondere bei speziell für diesen Bedarf entwickelten Geräten wie dem Kindle, im Vergleich zu papierbasierten Texten auch kürzer ausfallen kann. Folglich ist der aktuelle Forschungsstand auch im Hinblick auf die Lesegeschwindigkeit nicht eindeutig. Dennoch gibt es Hinweise dahingehend, dass das verwendete Gerät in diesem Kontext ein wichtiger Einflussfaktor sein könnte.

Ein weiterer, möglicher Einflussfaktor betrifft die Ermüdung der Augen. So zeigen empirische Studien, dass die Augen beim Lesen elektronischer Bücher früher ermüden, als bei traditionellen pBooks (siehe z.B. Jeong, 2012, S. 390; Kang et al., 2009, S. 51). Dies könnte nach Jeong (2012, S. 390) sowohl einen Einfluss auf das Leseverständnis als auch auf die Einstellung der Lernenden gegenüber elektronischen Lehrbüchern nehmen.

3.3.3 *Zusammenführung*

Die Darstellung des aktuellen Forschungsstandes zeigt, dass heute weder hinsichtlich des Einflusses des Lehrbuchformats auf den Lernerfolg, noch hinsichtlich möglicher, weiterer Faktoren eindeutige Forschungsergebnisse vorliegen. Aufgrund der komplexen Wechselwirkungszusammenhänge und der deutlichen Unterschiede hinsichtlich des methodischen Vorgehens, aber auch der differierenden Verständnisse dahingehend, was unter einem digitalen Lehrbuch zu verstehen ist, sind die heterogenen Befunde jedoch nicht weiter überraschend. Zur Klärung der Hauptfragestellung dieser Masterthesis bedarf es daher der Durchführung einer Studie, die den Einfluss der drei unterschiedlichen Repräsentationsformen von Lehrbüchern (pBook, eBook, mBook) auf den Lernerfolg von Studierenden vergleicht und in diesem Zuge auch mögliche Einflussfaktoren berücksichtigt.

4 Empirische Untersuchung

4.1 Spezifizierung der Fragestellungen und Hypothesen

Aufbauend auf den vorherigen Darlegungen zielt die empirische Studie auf die Beantwortung der folgenden Fragestellung:

F1: Welchen Einfluss nimmt das Lehrbuchformat (pBook, eBook, mBook) auf den Lernerfolg von Lehramtsstudierenden?

Diesbezüglich lassen sich basierend auf den bisherigen Ausführungen folgende Hypothesen aufstellen, deren Gültigkeit es zu überprüfen gilt:

H1.0: Das Lehrbuchformat nimmt keinen Einfluss auf den Lernerfolg der Studierenden *(Lernerfolg$_{pBook}$ =Lernerfolg$_{eBook}$= Lernerfolg$_{mBook}$)*.

H1.1: Die Arbeit mit pBooks führt zu einem höheren Lernerfolg der Studierenden, als die Arbeit mit eBooks (Lernerfolg$_{pBook}$ >Lernerfolg$_{eBook}$).

H1.2: Die Arbeit mit mBooks führt zu einem höheren Lernerfolg der Studierenden, als die Arbeit mit pBooks (Lernerfolg$_{mBook}$ >Lernerfolg$_{pBook}$).

H1.3: Die Arbeit mit mBooks führt zu einem höheren Lernerfolg der Studierenden, als die Arbeit mit eBooks (Lernerfolg$_{mBook}$ >Lernerfolg$_{eBook}$).

Die Hypothesen H1.0-H1.3 lassen sich viel folgt zusammenfassen: Lernerfolg$_{eBook}$< Lernerfolg$_{pBook}$ <Lernerfolg$_{mBook}$.

Für die Beantwortung der Hauptfragestellung der empirischen Studie gilt es – in Anlehnungen an die Ausführungen in Kapitel 3.3.2 – auch mögliche Einflussfaktoren bei der Arbeit mit den digitalen Lehrbuchvarianten zu berücksichtigen. In diesem Sinne lassen sich folgende, untergeordnete Fragestellungen und Hypothesen formulieren, die durch die empirische Studie beantwortet bzw. überprüft werden sollen:

F2: Welchen Einfluss nehmen die Vorerfahrungen der Studierenden bezüglich der Arbeit mit digitalen Lehrbüchern auf deren Lernerfolg? (H2.0: Die Vorerfahrungen der Studierenden nehmen keinen Einfluss auf deren

47

Lernerfolg; H2.1: Je regelmäßiger die Studierenden bereits mit digitalen Lehrbüchern gearbeitet haben, desto höher ist deren Lernerfolg).

F3.1: Welchen Einfluss nimmt das Lehrbuchformat auf die subjektiv empfundene Ermüdung der Augen der Studierenden? (H3.1.0: Das Lehrbuchformat nimmt keinen Einfluss auf die subjektiv empfundene Augenmüdigkeit der Studierenden; H3.1.1: Die Arbeit mit digitalen Lehrbüchern führt zu einer subjektiv höher empfundenen Augenmüdigkeit als die Arbeit mit pBooks).

F3.2: Welchen Einfluss nimmt die subjektiv empfundene Ermüdung der Augen der Studierenden bei der Arbeit mit digitalen Lehrbüchern auf deren Lernerfolg? (H3.2.0: Die subjektiv empfundene Ermüdung der Augen der Studierenden nimmt keinen Einfluss auf deren Lernerfolg; H3.2.1: Je größer die subjektiv empfundene Augenmüdigkeit der Studierenden ist, desto geringer ist deren Lernerfolg).

F4.1: Welchen Einfluss nimmt das Lehrbuchformat auf die Lesegeschwindigkeit der Studierenden? (H4.1.0: Das Lehrbuchformat nimmt keinen Einfluss auf die Lesegeschwindigkeit der Studierenden; H4.1.1: Die Arbeit mit digitalen Lehrbüchern verlangsamt die Lesegeschwindigkeit der Studierenden im Vergleich zu der Arbeit mit pBooks).

F4.2: Welchen Einfluss nimmt die Lesegeschwindigkeit der Studierenden auf deren Lernerfolg? (H4.2.0: Die Lesegeschwindigkeit nimmt keinen Einfluss auf den Lernerfolg der Studierenden. H4.2.1: Je höher die Lesegeschwindigkeit der Studierenden, desto höher ist deren Lernerfolg).

Da der Lernerfolg auch maßgeblich von dem zur Verfügung stehenden Lernmaterial abhängt, gilt es zudem, die Qualität des eingesetzten Lehrbuchs zu evaluieren:

F5: Welche Elemente bzw. Eigenschaften der jeweils bearbeiteten Lehrbuchvariante haben den Studierenden gut und welche nicht gefallen?

Für die Beantwortung der Hauptfragestellung und die Erfüllung der Zielsetzung dieser Arbeit sind, neben der Betrachtung des Lernerfolgs, zugleich auch die von den Lernenden wahrgenommenen Vor- und Nachteile des jeweiligen Lehrbuchformats von Relevanz. Aus diesem Grund gilt es auch folgende Fragestellung zu beantworten:

F6: *Welche allgemeinen Vor- und Nachteile sind aus Sicht der Studierenden mit der Nutzung digitaler im Vergleich zu papiergebundenen Lehrbüchern verbunden?*

4.2 Grundlegende Überlegungen zum Forschungsdesign

Zur Beantwortung der genannten Fragestellungen galt es eine Interventionsstudie durchzuführen. Blömeke (2003, S. 59) kritisiert, dass bei der Durchführung solcher Studien insbesondere drei Fehler gemacht werden:

1. *Verzicht auf eine Kontrollgruppe:* Hierdurch ist ein Vergleich der Veränderungen zwischen einem Vor- und Nachtest bei der Versuchsgruppe nicht möglich, da die Unterschiede auch aus anderen Einflussfaktoren als dem Treatment resultieren könnten.

2. *Verzicht auf einen Pre-Test:* Dies führt dazu, dass Veränderungen nicht bestimmbar sind, da die im Rahmen der Intervention zu erwerbenden Fähigkeiten bereits vorher vorhanden gewesen sein könnten.

3. *Verwendung verschiedener Versuchsleiter:* Wenn sich Versuchsleiter in mehr als einem Merkmal unterscheiden, ist eine exakte Rückführung der Wirkungen auf eine bestimmte Ursache (das Treatment) nicht möglich.

Diese Problematiken galt es folglich bei der Entwicklung des Forschungsdesigns zu berücksichtigen. In diesem Sinne wurde der Studie ein quasi-experimentelles Pre-Post-Test-Design mit Versuchs- und Kontrollgruppen zugrunde gelegt, deren Durchführung, über alle Gruppen hinweg, unter der Leitung der gleichen Person – der Forschenden selbst – stattfand. Ferner galt es auch sicherzustellen, dass sich die für die Untersuchung verwendeten Lehrbücher (pBook, eBook und mBook) nur in den fokussierten Aspekten unterscheiden, so dass nicht noch weitere Störvariablen Einfluss auf den Lernerfolg nehmen. Um dies zu gewährleisten, bedurfte es der Konzeption und Entwicklung eines entsprechenden Lehrbuch-Materials.

49

4.3 Konzeption und Entwicklung der Lehrbücher

4.3.1 *Auswahl, Relevanz und Aufbau der Thematik des Lehrbuchs*

Bevor mit der Konzeption und Entwicklung der Lehrbuchvarianten begonnen werden konnte, musste zunächst festgelegt werden, mit welcher Thematik sich eben diese beschäftigen sollen. Die Auswahl wurde einerseits auf Basis der fachlichen Schwerpunkte der Autorin und andererseits aufgrund der Relevanz des Inhalts für die Studierenden getroffen und fiel auf das Thema „kooperatives Lernen".

Das kooperative Lernen ist ein Unterrichtskonzept, das unter anderem von David und Roger Johnson entwickelt wurde und heute, nicht zuletzt aufgrund aktueller gesellschaftlicher und bildungspolitischer Entwicklungen, zunehmend an Bedeutung gewinnt (Johnson, Johnson, & Johnson Holubec, 2005, 7ff.). Letzteres liegt auch darin begründet, dass dessen Effektivität bereits vielfach empirisch belegt wurde (siehe z.B. Johnson, Johnson, & Stanne, 2000; Slavin, 1995). Die Thematik ist folglich für Lehramtsstudierende – der Zielgruppe des Lehrbuchs– von hoher Relevanz.

Das Lehrbuch „Gruppenarbeiten effektiv gestalten?!" verfolgt in diesem Sinne das Ziel, Lehramtsstudierenden eine grundlegende und praxisorientierte Einführung in das Konzept des kooperativen Lernens zu bieten. Hierfür wurde es in fünf Hauptkapitel unterteilt:

1. *Probleme bei der Gestaltung von Gruppenarbeiten:* Zur Verdeutlichung der persönlichen Relevanz des Themas für die Lehramtsstudierenden werden zunächst häufig auftretende Probleme bei der Gestaltung traditioneller Gruppenarbeiten erörtert und durch ein Praxisbeispiel veranschaulicht.
2. *Grundlagen des kooperativen Lernens:* Ausgehend von den benannten Problemen traditioneller Gruppenarbeiten wird das Konzept des kooperativen Lernens als möglicher Lösungsansatz für eben diese erörtert und dessen theoretische Grundlagen vermittelt.
3. *Besonderheiten des kooperativen Lernens:* Zur Vertiefung und Veranschaulichung der Grundlagen des kooperativen Lernens werden dessen

Besonderheiten anhand ausgewählter Elemente der Unterrichtskonzeption und -durchführung dargelegt.

4. *Die Aufgaben des Lehrers:* Die erfolgreiche Durchführung des kooperativen Lernens erfordert einen Wandel der Lehrerrolle. Die veränderten Aufgaben der Lehrperson werden in Kapitel 4 erörtert.

5. *Methoden des kooperativen Lernens:* Es gibt mittlerweile eine Vielzahl an Unterrichtmethoden, die auf Basis des Konzepts des kooperativen Lernens entwickelt wurden. Zur Veranschaulichung der theoretischen Grundlagen wird eine dieser Methoden – das Gruppenturnier – exemplarisch erläutert.

Das Lehrbuch soll den Lernenden nicht nur die Relevanz des Themas aufzeigen sowie die Grundlagen des Konzepts des kooperativen Lernens vermitteln, sondern auch einen späteren Transfer des Gelernten auf die eigene Lehrpraxis fördern. Um dies zu erreichen, wurden dem Lehrbuch Reflexions- und Arbeitsaufgaben (inklusive entsprechender Lösungsbeispiele) beigefügt.

Nach Abschluss der inhaltlichen Konzeption des Lehrbuchs galt es mit der Erstellung zu beginnen. Dafür war es zunächst erforderlich zu entscheiden, welche Software hierfür am geeignetsten ist.

4.3.2 *Auswahl der Software*

Eine der wichtigsten Entscheidungen, die es bei der Erstellung von digitalen Lehrbüchern zu treffen gilt, ist die, welche Software zu deren Herstellung am besten geeignet ist. Die Auswahl ist hierbei relativ groß. So gibt es mittlerweile zahlreiche Programme, mit deren Hilfe digitale Bücher erstellt werden können. Diese reichen von *Word* (Microsoft) über die *MyBookMachine* (CoTec-Verlag) und *iBooks Author* (Apple) bis hin zu Profi-Software wie *InDesign* (Adobe).

Diese Programme eröffnen unterschiedliche Möglichkeiten und Grenzen, die es entsprechend des angestrebten Endproduktes abzuwägen gilt. So beeinflusst bereits die Wahl der Software, welche Möglichkeiten z.B. im Hinblick auf die Einbindung interaktiver und multimodaler Elemente bestehen (siehe hierzu Kapitel 2). Eine der wichtigsten Entscheidungen besteht in diesem Kontext in der Festlegung des Lehrbuchformats (z.B. ePub, PDF, HTML…). Diese

Auswahl steht nicht zuletzt auch in Abhängigkeit zu der verfügbaren Hardware, auf welcher die Endprodukte letztlich abgerufen werden sollen. So besteht in diesem Zusammenhang die Notwendigkeit, die Hard- und Softwarekompatibilität sicherzustellen (siehe hierzu Kapitel 2.3.1). In diesem Sinne ist beispielsweise die Nutzung der Software „iBooks Author" von Apple nur dann möglich, wenn zur Produktion und Nutzung des Endprodukts Geräte des Unternehmens Apple (z.b. iPad, MacBook etc.) zur Verfügung stehen. Ausgehend von der institutionell vorhandenen Ausstattung sowie den jeweiligen Zielsetzungen wurden der Auswahl der Software die nachfolgenden Kriterien bzw. Möglichkeiten, die das Endprodukt erfüllen sollte, zugrunde gelegt:

1. Kompatibilität mit Windows-PCs: Für die Durchführung der Studie standen nur Windows-Computer zur Verfügung. Aus diesem Grund musste das Endprodukt hierzu kompatibel sein.
2. Hard- und Softwarekompatibilität: Zur Verwendung der digitalen Lehrbücher sollte die Installation neuer Software oder Anschaffung neuer Hardware wenn möglich entfallen.
3. Offline-Nutzung: Die Nutzung des eBooks und mBooks sollte auch ohne Internetverbindung möglich sein.
4. Layout-Möglichkeiten: Die Software sollte es ermöglichen, die im Rahmen der Konzeption lernförderlicher Lehrbücher zu beachtenden, mikro- und makrotypografischen Regeln umzusetzen (siehe Kapitel 3.2.2).
5. Einbindung von Hyperlinks: Um den Lernenden die Navigation durch das Lehrbuch zu vereinfachen galt es, die Möglichkeit der Einbindung von Hyperlinks sicherzustellen (siehe Kapitel 2.2.5).
6. Einbindung von Videos: Die Besonderheit des mBooks besteht darin, dass neben Texten und Bildern auch Videos enthalten sind. Aus diesem Grund war es erforderlich sicherzustellen, dass die Einbindung solcher Elemente mit der Software möglich ist.
7. Vielfalt der Bearbeitungsmöglichkeiten: Bearbeitungsmöglichkeiten wie beispielsweise das Anfertigen von Markierungen, Notizen oder Freihandzeichnungen können das Lernen unterstützen. Aus diesem Grund sollte das

Endprodukt bzw. die zu dessen Nutzung verwendete Software solche Bearbeitungen durch den Lernenden zulassen.

8. Möglichkeit des Abspeicherns und Teilens: Damit die persönlichen Anmerkungen der Lernenden bestehen bleiben und nicht verloren gehen, ist es erforderlich, dass das bearbeitete Lehrbuch abgespeichert werden kann. Ferner ist es wünschenswert, dass für die Lernenden auch die Möglichkeit besteht, das eigene Produkt mit anderen Lernenden zu teilen (siehe Kapitel 2.2.7). Auch diese Funktionen sollte das Endprodukt bieten.

9. Ausdruckbarkeit des digitalen Lehrbuchs: Das methodische Vorgehen machte es erforderlich, dass das pBook und das eBook – bis auf ihre jeweilige Repräsentationsform – identisch sind. Um dies sicherzustellen, bestand der einfachste Weg darin, alle Lehrbuchformen mit der gleichen Software zu entwerfen. Dies erfordert jedoch die Wahl einer Software, die einen Ausdruck der pBook-Version ermöglicht.

Da dieser Kriterienkatalog durch die Software InDesign – welche den Export interaktiver PDF-Dateien ermöglicht – erfüllt wurde, fiel die Wahl auf diese Software (siehe Tabelle 4).

	Word	MyBookMachine	InDesign
Betrachtetes Format	(interaktives) PDF	-	interaktives PDF
Hard- & Software-kompatibilität	eingeschränkt (Adobe Acorbat Reader erforderlich)	eingeschränkt (Cloud Player oder App erforderlich)	eingeschränkt (Adobe Acorbat Reader erforderlich)
Offline-Verfügbarkeit	ja	nein	ja
Layout-Möglichkeiten	eingeschränkt	eingeschränkt	ja
Einbindung von Hyperlinks	ja	ja	ja
Einbindung von Videos	nein	ja	ja
Bearbeitungsmöglichkeiten	ja	nein	ja
Abspeichern und Teilen	ja	nein	ja
Ausdruckbarkeit	ja	nein	ja

Tabelle 4: Gegenüberstellung der Kriterien der Software-Auswahl

4.3.3 *Konzeption und Erstellung des pBooks*

Nach der Festlegung des Inhalts und der Auswahl der Software konnte die konzeptionelle Ausgestaltung des Lehrbuchs beginnen. Da das pBook das Fundament für die anderen beiden Lehrbuchvarianten darstellt, wurde zunächst dieses konzipiert. Im Anschluss galt es dann für das eBook und mBook (kleinere) Variationen vorzunehmen, welche jedoch erst in den nächsten beiden Unterkapitel erörtert werden. Im Folgenden gilt es zunächst, die grundlegenden Entscheidungen, die bei der Konzeption des pBooks getroffen wurden, darzulegen und zu begründen.

Zu Beginn war es erforderlich, Entscheidungen hinsichtlich der makro- und mikrotypografischen Ausgestaltung des Lehrbuchs zu treffen. Dies geschah durchgängig auf Basis der unter Kapitel 3.2.2 genannten Grundregeln für die Gestaltung lernförderlicher Lehrbücher.

Mit der Größe „DINA5" fiel die Auswahl auf eine konventionelles, druck- und lesefreundliches Standardformat. Zudem wurde auch auf einen angemessenen Bund-, Kopf-, Außen- und Fußsteg geachtet, um den Lernenden Platz für Notizen zur Verfügung zu stellen. Ferner galt es, ein gut lesbares Satzbild sicherzustellen. Zur Vermeidung des Entstehens große Lücken wurde daher der Flattersatz gewählt. Um das Lehrbuch sowohl in der gedruckten als auch in der digitalen Form gut lesbar zu gestalten, wurde die Schrift „Garamound" in der Größe 13 pt ausgewählt. Durch stichprobenartige Überprüfungen galt es zudem sicherzustellen, dass die Zeilenlänge zwischen 50 und 70 Zeichen variiert.

Eine Strukturierung des Lehrbuchs erfolgte durch eine Hervorhebung der Kapitelüberschriften (dick gedruckt und farbig), eine farbliche Abtrennung der einzelnen Kapitel untereinander (jedes Kapitel erscheint in einer anderen Farbschattierung) sowie durch die kursive Hervorhebung einzelner, inhaltlich besonders wichtiger Passagen.

Die Wahl der Grundfarbe für die farbliche Ausgestaltung des Lehrbuchs fiel auf blau. Diese Farbe steht nicht nur für Sachlichkeit und Wissenschaftlichkeit, sondern ist empirischen Studien zufolge auch die am häufigsten benannte

Lieblingsfarbe in Deutschland (Wäger, 2014, 267ff.). Aufgrund dessen könnte sich diese Farbauswahl motivierend auf die Lernenden auswirken. Um die Lesbarkeit am Bildschirm nicht zu erschweren, galt es auf eine farbliche Unterlegung des Hintergrundes zu verzichten. Schließlich wurden dem Lehrbuch ein Inhalts- und Abbildungsverzeichnis sowie Seitenzahlen als Orientierungshilfen beigefügt.

Gute Lehrbücher zeichnen sich darüber hinaus dadurch aus, dass sie nicht nur Text, sondern auch weitere Darstellungsformen mit einbeziehen. Daher galt es auch (im Internet lizenzfrei verfügbare oder selbst erstellte) Abbildungen und Grafiken in das pBook einzufügen. Damit diese das Lernen optimal unterstützen, wurden hierbei die für die multimediale Ausgestaltung von gedrucktem Material relevanten Prinzipien nach Mayer berücksichtigt (Multimedia-Prinzip; Kohärenz-Prinzip; räumliche Kontinuität) (siehe Kapitel 3.2.3).

Die abschließende Produktion des pBooks erfolgte durch einen farbigen, doppel- und beidseitigen Broschüren-Druck auf handelsübliches DINA4-Papier. Die Lehrbuchvariante wurde zudem mit Hilfe eines Langhefters in Form einer dreifachen Rückstich-Heftung zusammengefügt.

4.3.4 *Konzeption und Erstellung des eBooks*

Aufbauend auf dem pBook galt es das eBook zu konzipieren. Da die beiden Versionen weitestgehend identisch sein sollten, wurden am eBook nur vereinzelt Modifikationen vorgenommen. Wesentlich war diesbezüglich insbesondere das Hinzufügen von Hyperlinks, um den Lernenden die Navigation durch das Lehrbuch zu erleichtern. Der Export des eBooks erfolgte im PDF-Format.

4.3.5 *Konzeption und Erstellung des mBooks*

Während für die Produktion des eBooks nur marginale Veränderungen an der Ausgangsbasis des pBooks vorgenommen wurden, erforderte die Herstellung des mBooks über die für das eBook vorgenommenen Modifikationen hinaus weitere Veränderungen. Mayers „Kognitive Theorie des multimedialen Lernens" verdeutlicht, dass das Lernen insbesondere dann gefördert wird, wenn sowohl der auditive als auch der visuelle Sinneskanal aktiviert werden. Aus diesem Grund fiel die Entscheidung, einige Textteile durch inhaltlich identische Video-Podcasts (kurz: Vodcasts) zu ersetzen. Die Auswahl der Textteile erfolgte gezielt auf Basis didaktischer und methodischer Überlegungen.

Zunächst galt es für alle drei Videos ein Drehbuch zu konzipieren, welches dann von den zwei Sprechern mit Hilfe des digitalen Recorders LS-3 von Olympus aufgezeichnet wurde. Um die Erklärvideos abwechslungsreich und ansprechend zu gestalten, fiel die Wahl bewusst auf einen männlichen und einen weiblichen Sprecher.

Zur Erleichterung des Zuhörens wurden die Vodcasts in ihrem Aufbau einheitlich und klar strukturiert (Reinhardt, Korner, & Schiefner, 2008, 75f.). So erfolgte in Anlehnung an Villano (2008, S. 32) eine Untergliederung der einzelnen Videos in drei Teile: Anfang, Mitte und Schluss. Die Gliederung galt es durch musikalische Einwürfe (Intro, Zwischenspiele, Outro) zu unterstützen (siehe Abbildung 4). Nach Reinhardt et al. (2008, S. 76) und Villano (2008, S. 35) ermöglichen solche auditiven Signale den Lernenden, das Gesagte noch einmal zu reflektieren, bevor ein neuer Inhalt präsentiert wird, was wiederum den Lernprozess unterstützt. Für die musikalische Strukturierung wurde für alle Vodcasts das gleiche Musikstück mit Creative Common Lizenz ausgewählt. Das Bearbeiten (z.B. Schneiden, Regelung der individuellen Spurlautstärke [Fade-Ins und -Outs]) und Zusammenfügen der unterschiedlichen auditiven Elemente erfolgte mit Hilfe des Programms *Live 9 Intro* von Ableton.

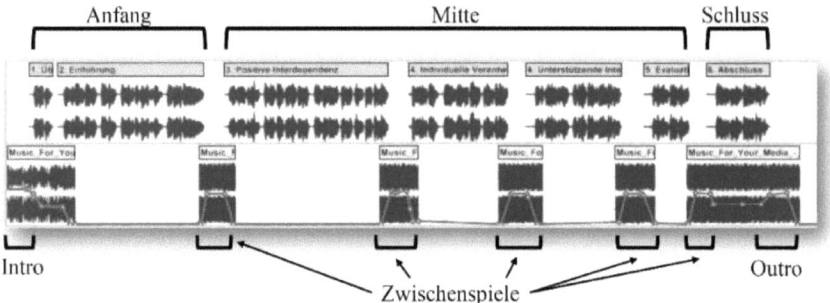

Abbildung 4: Audiospur zum Vodcast „Zusammenfassung" (erstellt mit Live 9 Intro)

Die Erstellung der Präsentationen erfolgte vorwiegend mit *Powtoon*. Dieses Programm ermöglicht es den Produzenten, die Präsentation so zu animieren, dass Text und Bild zeitlich exakt aufeinander abgestimmt sind. Da die Erläuterung der Methode „Das Gruppenturnier" eine dynamischere Form der Präsentation nahelegt, wurde für die Erstellung dieses Vodcasts zusätzlich *Prezi* verwendet.

Im Sinne des Modalitäts- und Redundanz-Prinzips (siehe Kapitel 3.2.3) wurde bei der Gestaltung der Präsentationen zudem darauf geachtet, dass die verbalen Erläuterungen des Inhaltes durch den Sprecher primär durch Bilder und Animationen und nur marginal durch Text visualisiert werden. Zudem galt es die räumliche und zeitliche Kontinuität (siehe Kapitel 3.2.3) durch eine genaue Abstimmung von Visualisierung und Verbalisierung sicherzustellen.

Um die Audio- und Videoqualität zu optimieren, wurde für die abschließende Bearbeitung und Produktion der Videos die Software *Camtasia* (Techsmith) verwendet. Der Export der Video-Dateien erfolgte im MP4-Format, welches kompatibel mit *InDesign* ist. Die Endprodukte wurden schließlich über *In-Design* eingefügt und um Steuerungselemente (Play/Pause; Vorwärts- Rückwärts etc.) ergänzt. Abschließend galt es nur noch, die *InDesign*-Datei als interaktives PDF zu exportieren. Damit war die Produktion des mBooks abgeschlossen.

4.3.6 *Bewertung des Materials*

Die Konzeption der drei Lehrbuchvarianten basierte weitestgehend auf den in Kapitel 3.1.4 angestellten Überlegungen zur Konzeption und Gestaltung lernförderlicher Lehrbücher. Die Gestaltung erfolgte demnach keineswegs beliebig, sondern wissenschaftlich und didaktisch begründet und reflektiert.

Zur Überprüfung der Korrektheit und Verständlichkeit des Materials wurde ein Peer-Review mit zwei Personen – eine mit und eine ohne Vorwissen – durchgeführt. Zudem wurde durch einen Pre-Test auch die Korrektheit und Verständlichkeit sowie – im Falle des eBooks und mBooks – die Funktionstüchtigkeit des Materials überprüft.

Die Durchführung des Pre-Tests erfolgte im Sommersemester 2016 an der Justus-Liebig-Universität (JLU) Gießen mit drei aus Lehramtsstudierenden bestehenden Seminargruppen (n= 40). Die Studierenden wurden aufgefordert das Material durchzuarbeiten und ein schriftliches Feedback zur Korrektheit und Verständlichkeit des Materials zu geben. Als Ergänzung dieser schriftlichen Rückmeldung erfolgte zudem die Durchführung eines offenen Feedbackgesprächs (ca. 7 Minuten), in welchem die Studierenden durch die Blitzlicht-Methode aufgefordert wurden, ihren Gesamteindruck sowie Kritik in zwei bis drei Sätzen zu äußern. Das Feedback war durchgängig positiv, weshalb es nur marginale, meist sprachliche, Veränderungen vorzunehmen galt.

Durch dieses theoriegeleitete Vorgehen mit anschließender praktischer Erprobung konnte daher – zumindest in Ansätzen – sichergestellt werden, dass das Material sowohl in didaktischer als auch methodischer Hinsicht den Anforderungen guter Lehrbücher entspricht und sich demzufolge für den Einsatz im Rahmen der Studie eignet.

4.4 Konzeption und Entwicklung der Erhebungsinstrumente

Entsprechend der Fragestellungen und Hypothesen bedarf es zweier Erhebungsinstrumente: Eines Wissenstests, mit welchem der Lernerfolg der Studierenden erfasst werden soll sowie eines Fragebogens, mit dem die Akzeptanz und die Einstellung der Studierenden gegenüber dem gelesenen Lehrbuch und digitalen Lehrbüchern im Allgemeinen abgefragt wird. Die Konzeption und Konstruktion dieser Erhebungsinstrumente gilt es im Folgenden zu erörtern.

4.4.1 *Konzeption und Pre-Testung des Wissenstests*

Auf Basis der Lehrbuchinhalte wurde ein Wissenstest entwickelt, welcher die unterschiedlichen Inhaltsbereiche abdeckt. Dieser untergliedert sich in Anlehnung an die Taxonomie kognitiver Lernziele nach Bloom (1972) in sechs Aufgaben, die in Summe alle Lernzielbereiche der Hauptkategorien Erinnern (Wissen: Aufgabe 3 und 4, Verstehen: Aufgabe 2 und 4, Anwenden: Aufgabe 1) und Transfer (Analyse und Bewertung: Aufgabe 5, Synthese: Aufgabe 6) abdecken. Nur eine der Aufgaben wurde im Multiple-Choice-Format erstellt. Den anderen Fragen lag ein freies Antwortformat zugrunde. Dies hat einerseits den Vorteil, dass die Wahrscheinlichkeit des Erratens der richtigen Antwort seitens der Lernenden eingeschränkt wird (Rost, 1996, S. 61), andererseits erfordert insbesondere die Überprüfung der komplexeren kognitiven Lernziele ein entsprechendes Aufgabenformat (siehe Kapitel 3.1.3). Zu dem Wissenstest galt es einen Erwartungshorizont zu formulieren, welcher die pro Antwort zu vergebenen Punktzahlen festsetzte und im Rahmen der Korrektur Verwendung fand.

Die Pre-Testung des Wissenstests erfolgte mit einer aus zehn (nicht zur Grundgesamtheit gehörenden) Lehramtsstudierenden bestehenden Seminargruppe. Diese bekamen zunächst die Aufgabe das Lehrbuch durchzuarbeiten. Im Anschluss war der Wissenstest auszufüllen. Darüber hinaus wurden die Studierenden gebeten zwei Evaluationsfragen schriftlich zu beantworten („Sind Ihnen im Wissenstest Fehler aufgefallen?"; „Waren die Aufgabenstellungen des Wissenstests verständlich?"). Daraufhin fand zudem ein kurzes gemeinsames Feedback-Gespräch statt, in welchem jeder Studierende erneut aufgefordert wurde, Kritik am Wissenstest zu äußern. Die Studierenden kamen dabei einstimmig zu der Einschätzung, dass der Wissenstest ohne Fehler war und die Aufgaben verständlich formuliert wurden. Die Auswertung durch die Forschende zeigte jedoch, dass die dritte Aufgabe von den Studierenden anders als zuvor intendiert beantwortet wurde und nicht eindeutig formuliert war. Daraufhin erfolgte eine entsprechende Anpassung der Aufgabe. Zudem wurde zur Optimierung der Dramaturgie des Wissenstests die Reihenfolge der Testfragen noch einmal verändert.

4.4.2 *Konzeption und Pre-Testung des Fragebogens*

In Anlehnung an die Fragestellungen bzw. Hypothesen fand eine Untergliederung des Fragebogens in fünf Blöcke statt:

1. Persönliche Angaben
2. Angabe der gelesenen Kapitel
3. Evaluation des Lehrbuchs
4. Einstellung der Studierenden gegenüber digitalen Lehrbüchern
5. Offene Feedbackmöglichkeit und Danksagung

Das Zusammenfassen gleicher Fragen zu einem Block ermöglicht es den Befragten, die Dramaturgie des Fragebogens zu erkennen, was wiederum dazu führt, dass diese konzentrierter und bemühter teilnehmen (Porst, 2008, S. 142).

Nach Porst (2008, S. 143) sollten demographische Fragen in der Regel am Ende des Fragebogens formuliert werden, da sie meist nicht sonderlich interessant und spannend sind und eine Platzierung am Anfang zu Desinteresse führen oder die Befragten demotivieren könnte. Aufgrund der Kürze des Fragebogens und der Bedeutsamkeit der persönlichen Angaben der Studierenden wurden diese dennoch an den Anfang platziert, um zu verhindern, dass sie übersehen oder aufgrund von Lustlosigkeit („Ende der Sitzung") nicht ausgefüllt werden.

Zur Einschätzung der Lesegeschwindigkeit galt es im zweiten Fragenblock die von den Studierenden gelesenen Kapitel durch eine geschlossene Frage abzufragen.

Der dritte Fragenblock zielte auf die Evaluation des Lehrbuchs ab. Neben einem quantifizierenden Fragenformat mit Häufigkeitskategorien (acht Items; Ordinalskalierung: trifft nicht zu, trifft eher nicht zu, trifft eher zu, trifft zu) wurden dem Fragenblock noch zwei offene Fragen beigefügt (Was hat Ihnen an dem Lehrbuch gut gefallen?/ Was hat Ihnen an dem Lehrbuch nicht gefallen?).

Bei der Wahl der Ordinalskala für das Ratingformat wurde auf ein neutrales Mittelstück („weder-noch") verzichtet, da sich dieses nach Rost (1996, S. 69) in vielen Untersuchungen als ungünstig erwiesen hat.

Durch die offenen Fragen sollten die Studierenden die Möglichkeit erhalten, auch über das geschlossene Antwortformat hinaus ein Feedback zu dem Lehrbuch zu geben. Das offene Aufgabenformat wurde bewusst gewählt um die ersten – und damit wahrscheinlich auch wichtigsten – Assoziationen der Studierenden zu erfassen und auch solche Kritikpunkte mit einzuschließen, welche zuvor nicht antizipiert wurden (siehe hierzu Rost, 1996, S. 61).

Der vierte Fragenblock diente dazu, die Vorerfahrungen sowie die allgemeine Einstellung der Studierenden gegenüber digitalen Lehrbüchern zu erfragen. Um eine Einheitlichkeit – und damit auch die Nutzerfreundlichkeit – des Fragebogens sicherzustellen, erfolgte dessen Konzeption äquivalent zum dritten Fragenblock (Quantifizierendes Fragenformat mit sechs Items und vierstufiger Zustimmungsskala sowie zwei offene Fragen [Vor- und Nachteile von eBooks im Vergleich zu gedruckten Büchern]).

Zum Abschluss des Fragebogens galt es den Studierenden – neben einer kurzen Danksagung – die Möglichkeit zu eröffnen, weitere Anmerkungen zu formulieren.

Der Fragebogen wurde mit insgesamt drei Seminargruppen, bestehend aus Lehramtsstudierenden (n=40), pre-getestet. Letztere wurden nach Durcharbeitung des Lehrbuchs aufgefordert den Fragebogen auszufüllen und zugleich Anmerkungen hinsichtlich vorkommender Fehler und Uneindeutigkeiten zu machen. Auf Basis des Feedbacks galt es noch vereinzelt Modifikationen vorzunehmen, welche primär der Verbesserung von Fehlern und der Vereindeutigung der Fragen dienten. Bei der Auswertung des Fragebogens stellte sich zudem heraus, dass mehrere Studierende bei dem quantifizierenden Aufgabenformat nicht die vorgegebenen Antwortmöglichkeiten, sondern die eigentlich nicht existente Mitte angekreuzt haben. Darauf folgte die Entscheidung, diesen Fragen doch eine fünfstufige Ratingskala (trifft nicht zu, trifft eher nicht zu, weder-noch, trifft eher zu, trifft zu) zu Grunde zu legen.

4.5   Die Auswertungsmethoden

4.5.1   *Deskriptiv- und inferenzstatistische Datenanalyse*

Die Überprüfung der Hypothesen erfolgte – nach Bestätigung der Homogenität der Varianzen durch einen Homogenitätstest – durch eine einfaktorielle Varianzanalyse (Signifikanzniveau $\alpha < 0,05$) (Bortz, 2005, S. 249). Letztere gibt Aufschluss darüber, ob die Mittelwerte aller Gruppen identisch sind bzw. ob sich mindestens zwei eben dieser in irgendeiner Weise signifikant voneinander unterscheiden. Eine Erklärung der tatsächlich bestehenden Unterschiede und deren Stärke bietet eine Varianzanalyse jedoch nicht. Für eine differenzierte Interpretation der Gesamtsignifikanz war es folglich notwendig, einen Einzelvergleich der jeweiligen Treatmentstufen durchzuführen (Bortz, 2005, S. 263; Schnell, Hill, & Esser, 2008, S. 457). Da die Stichprobenumfänge unterschiedlich waren, wurde – sofern der Levene-Test die Homogenität der Fehlervarianzen bestätigte – im Anschluss an die Varianzanalyse zur Post-hoc-Analyse der Scheffé-Test durchgeführt (Backhaus, Erichson, Plinke, & Weiber, 2016, 202ff.). Die Auswertung der geschlossenen Evaluationsfragen, sowie der Fragen nach den Vorerfahrungen und Einstellungen der Studierenden gegenüber digitalen Lehrbüchern, erfolgte durch die Errechnung der (kumulativen) Prozentwerte. Alle beschriebenen statistischen Verfahren wurden mit Hilfe der Software *SPSS* durchgeführt.

4.5.2 *Inhaltsanalyse*

Zur Auswertung der Antworten auf die offenen Fragen des Fragebogens wurde eine Inhaltsanalyse durchgeführt. Das Ziel bestand darin, zu analysieren und quantifizieren, welche Aspekte der jeweiligen Lehrbuchvarianten als positiv bzw. negativ wahrgenommen werden und auch welche Vor- und Nachteile die Studierenden allgemein digitalen Lehrbüchern zuschreiben.

Die Auswertung erfolgte dabei nicht lediglich durch das Auszählen der Häufigkeit einzelner Wörter, denn meist werden die jeweiligen Konstrukte nur selten explizit und unter der gleichen Formulierung benannt, sondern sind durch Umschreibungen oder eindeutige Hinweise auf Bedeutungen vorhanden. Es bedurfte folglich sowohl der Durchführung quantitativer als auch qualitativer Analyseschritte (Früh, 2007, 52f.). Hierfür war es notwendig, ein Codebook zu entwickeln. Auch wenn auf Basis der theoretischen Vorüberlegungen bereits Vermutungen dahingehend angestellt werden konnten, welche Aspekte Studierende benennen könnten, galt es offen an das Material heranzugehen, um auch solche Inhalte zu erfassen, die zuvor nicht antizipiert wurden. In diesem Sinne erfolgte die Erstellung des Codebooks, in Anlehnung an das Ablaufmodell induktiver Kategorienbildung nach Mayring (2002, 114ff.), offen auf Basis des zu analysierenden Materials.

Im Anschluss wurde auf Grundlage des Codebooks eine Codierung des Datenmaterials mit Hilfe von *MAXQDA* durchgeführt. Diese erfolgte für jeden Sinnabschnitt (thematische Einheit) der Antworten der Studierenden (Codiereinheit). Um Verzerrungen in der späteren quantitativen Auswertung zu vermeiden, galt es pro Studierendenantwort jeden Code – selbst wenn in mehreren Sinnabschnitten explizit oder implizit das gleiche theoretische Konstrukt benannt wurde – nur maximal einmal zu vergeben.

Abschließend erfolgte eine statistische Auswertung der Häufigkeit bzw. des prozentualen Anteils der jeweiligen Kategorien, über die Antworten aller Studierenden hinweg mit Hilfe von *Excel*.

4.6 Stichprobengewinnung und Durchführung der Studie

4.6.1 *Auswahl und Beschreibung der Stichprobe*

Die Stichprobe umfasste insgesamt 13 Proseminare des Grundmoduls „Erziehungswissenschaft für die Schule", welches an der JLU Gießen von allen Studierenden des Lehramts (Grundschullehramt [L1], Haupt- und Realschullehramt [L2], Gymnasiallehramt [L3], Förderschullehramt [L5]) verpflichtend zu besuchen ist. Die Studienverlaufspläne sehen vor, dass die Studierenden für die Lehrämter L2 und L5 das Proseminar im Sommersemester besuchen, während die Studierenden der Lehrämter L1 und L3 regulär im Wintersemester an dieser Veranstaltung teilnehmen (siehe hierzu JLU, 2010, S. 1). Folglich waren auch in der Stichprobe ausschließlich Studierende dieser zwei Lehramtsstudiengänge vertreten (siehe Tabelle 5).

In Anlehnung an die Forschungsfragen und die Hypothesen war es erforderlich, eine Kontrollgruppe und drei Versuchsgruppen (1: pBook, 2: eBook, 3: mBook) zu bilden. Da sich die Studierenden während des Anmeldeverfahrens selbstständig einer Seminargruppe zuordneten, konnte hier keine vollständig randomisierte Verteilung vorgenommen werden. Die Zuteilung der einzelnen Seminargruppen erfolgte einerseits entsprechend der Verfügbarkeit des Computerraums und andererseits per Zufall. Hierdurch wurde eine gleichmäßige Verteilung der Studierenden über die Settings sichergestellt (siehe Tabelle 5)

	Gruppe 0 (Kontrollgruppe)	Gruppe A (Versuchsgruppe 1)	Gruppe B (Versuchsgruppe 2)	Gruppe C (Versuchsgruppe 3)
Setting	-	pBook	eBook	mBook
Medium	-	Buch	PC	PC
Darstellungsebenen	-	Text + Bild	Text + Bild	Text + (bewegtes) Bild + Ton
Stichprobengröße	n = 30 (2 Gruppen)	n = 61 (4 Gruppen)	n = 40 (3 Gruppen)	n = 56 (4 Gruppen)
Geschlechterverteilung	-	weiblich: 43 männlich: 16	weiblich: 29 männlich: 11	weiblich: 42 männlich: 14
Lehramtsverteilung	-	L2: 27 L5: 31	L2: 30 L5: 8	L2: 28 L5:27
Alter	-	$\bar{x} = 21$	$\bar{x} = 21$	$\bar{x} = 21$
Fachsemester	-	$\bar{x} = 2$	$\bar{x} = 2$	$\bar{x} = 2$

Tabelle 5: Übersicht der Settings und Grunddaten der Stichprobe

4.6.2 *Durchführung und Ablauf der empirischen Erhebung*

Die Durchführung der Studie fand im Sommersemester 2016 mit Studierenden der JLU Gießen in jeweils einer regulären Seminarsitzung (90 Minuten) pro Seminargruppe statt. Die Leitung dieser Sitzungen oblag immer der Erhebungsleiterin, während die regulären Dozierenden ebenfalls – die ganze oder zumindest einen gewissen Teil der Zeit – anwesend waren, aber eine primär passive Rolle übernahmen.

Der *Pre-Test* wurde mit den beiden Kontrollgruppen durchgeführt. Zur Erfassung des Vorwissens wurde zu Beginn der Seminarsitzung der Wissenstest ausgeteilt und die Studierenden wurden aufgefordert, die Fragen entsprechend Ihres aktuellen Wissensstandes zu bearbeiten. Hierfür standen diesen insgesamt 20 Minuten zur Verfügung.

Um gleiche Rahmenbedingungen sicherzustellen, erfolgte die Durchführung der Intervention mit den elf Versuchsgruppen auf Basis eines standardisierten Ablaufs. Dieser bestand aus vier Phasen mit begrenzter zeitlicher Dauer, deren Einhaltung durch das Stoppen der Zeit mit Hilfe einer Stoppuhr kontrolliert und sichergestellt wurde. Im Detail liefen die jeweiligen Phasen wie folgt ab:

1. Einführungsphase (10 Minuten)

Zu Beginn der Sitzung galt es zunächst, das Vorhaben kurz vorzustellen und die Studierenden in die grundlegenden Funktionen der jeweiligen Lehrbuchform einzuführen. In diesem Zuge wurde den Gruppen, die mit den digitalen Lehrbuchvarianten arbeiten sollten, erklärt, wie sie durch das Buch navigieren (Hyperlinks) und Markierungen und Notizen anfertigen können. Die mBook-Gruppe erhielt zudem noch eine Instruktion hinsichtlich der produktiven Arbeit mit den Videos. Ferner wurde den Studierenden der pBook-Gruppe die Erlaubnis erteilt, auch in der gedruckten Version Notizen und Markierungen anzufertigen. Auf diesem Weg galt es sicherzustellen, dass alle Versuchsgruppen gleichermaßen die zentralen Bearbeitungsfunktionen durchführen konnten. Zum Abschluss der Einführungsphase galt es die konkrete Aufgabenstellung für die Erarbeitungsphase verbal zu erläutern. Zur Unterstützung des Arbeitsprozesses wurde die Arbeitsanweisung auch schriftlich fixiert auf einem Arbeitsblatt ausgeteilt. Als zusätzlicher Anreiz wurden die Studierenden zudem darüber informiert, dass die erfolgreichste Gruppe nach Abschluss der Studie eine kleine Überraschung erhält.

2. Erarbeitungsphase (45 Minuten)

In direktem Anschluss an die Einführungsphase folgte die 45-minütige Erarbeitungsphase, in der die Studierenden das entworfene Material auf Basis der konkreten Aufgabenstellung in Einzelarbeit bearbeiteten. Um eine Gleichheit der Rahmenbedingungen sicherzustellen, wurden keine inhaltlichen Rückfragen ermöglicht und die anwesenden Dozierenden hielten sich – bis auf die Unterstützung der Studierenden bei der Bewältigung technischer Probleme – zurück. Zum Ende dieser Phase wurden die Lehrbücher eingesammelt bzw. – sofern von den Studierenden gewünscht – auf einem USB-Stick der Untersuchungsleiterin abgespeichert. So wurde einerseits sichergestellt, dass kein Studierender einer der anderen Versuchsgruppen vor Versuchsdurchführung einen Einblick in die Lehrbücher erhält. Andererseits galt es zu verhindern, dass die Studierenden in der nächsten Phase – der Wissensüberprüfung – die Aufgaben nicht selbstständig, sondern unter Zuhilfenahme des jeweiligen Lehrbuchs bearbeiten.

3. Wissensüberprüfung (20 Minuten)

Die Erarbeitungsphase mündete unmittelbar in die Phase der Wissensüberprüfung. Die Studierenden erhielten den Arbeitsauftrag, den ausgeteilten Wissenstest innerhalb der festgesetzten 20 Minuten zu bearbeiten. Auch hier galt es inhaltliche Rückfragen der Studierenden zunächst nicht zu beantworten, um das Studienergebnis nicht zu beeinflussen.

4. Evaluation (10 Min.)

Abschließend wurden die Studierenden gebeten, den Fragebogen auszufüllen. Mit Vollendung dieses Schritts galt die Ergebung für die jeweilige Gruppe als abgeschlossen.

4.7 Darstellung der Ergebnisse

4.7.1 *Zusammenhang Lehrbuchformat und Lernerfolg*

4.7.1.1 *Pre-Test: Vorwissen*

Die Auswertung des Wissenstests verdeutlicht, dass bei der Zielgruppe mit einer durchschnittlichen Gesamtpunktzahl von 0,85 von 19,5 erreichbaren Punkten insgesamt nur ein sehr geringes Vorwissen zu der Thematik des Lehrbuchs vorhanden ist. Auch eine differenziertere Analyse der erreichten Punktzahlen bestätigt dieses Ergebnis. Die höchste Gesamtpunktzahl, die von einem Studierenden erreicht wurde, liegt bei 3,5. Insgesamt wurden alle Aufgaben – mit Ausnahme der letzten – von einer deutlichen Mehrheit der Studierenden falsch beantwortet. Lediglich die letzte Aufgabe wurde von 12 Studierenden zumindest teilweise und von einem vollständig korrekt beantwortet (siehe Tabelle 6).

	N	Höchst-punkt-zahl	Minimum (erreicht von %)	Maximum (erreicht von %)	x̄	SD
A1 (WQ: A1)	30	2	,0 (100%)	,0 (0%)	,000	,0000
A2 (WQ: A2)	30	2	,0 (80%)	1,5 (7%)	,217	,4676
A3 (WQ: A3)	30	1	,0 (83%)	1,0 (17%)	,167	,3790
A4 (WQ: A5)	30	4	,0 (100%)	,0 (0%)	,000	,0000
A5 (WQ: A6)	30	8,5	,0 (90%)	,5 (10%)	,050	,1526
A6 (WQ: A4)	30	2	,0 (57%)	2,0 (3%)	,450	,5625
Gesamt-punktzahl	30	19,5	,0 (37%)	3,5 (3%)	,850	,8625

Tabelle 6: Deskriptive Auswertung des Pre-Tests zum „Vorwissen"

Übertragen auf die Grundgesamtheit lässt sich auf Basis dieser Ergebnisse schlussfolgern, dass ein eher geringes Vorwissen zu dem Themenbereich „Kooperatives Lernen" besteht.

4.7.1.2 Ergebnisse zum Zusammenhang von Lernerfolg und Lehrbuchformat

Die Varianzanalyse zeigt einen signifikanten Haupteffekt des Lehrbuchformats auf den Lernerfolg gemessen an der Gesamtpunktzahl der Studierenden in dem Wissenstest ($F_{(2;154)}$=5,814, p=,004, $\acute{\eta}^2$=0,07). Auch hinsichtlich der Lerner-folgskategorien „Erinnern" und „Verstehen" unterscheiden sich mindestens zwei der drei Untersuchungsgruppen signifikant voneinander (siehe Tabelle 7).

		Quadrat-summe	df	Mittel der Quadrate	F	Signi-fikanz
Ge-samt	Zwischen den Gruppen	142,526	2	71,263	5,814	,004
	Innerhalb der Gruppen	1887,551	154	12,257		
Erin-nern	Zwischen den Gruppen	35,238	2	17,619	3,672	,028
	Innerhalb der Gruppen	738,931	154	4,798		
Ver-stehen	Zwischen den Gruppen	41,750	2	20,875	5,808	,004
	Innerhalb der Gruppen	553,470	154	3,594		

Tabelle 7: Ergebnisse der Varianzanalyse zum Lernerfolg (Gesamt, Verstehen, Erinnern)

Eine deskriptiv-statistische Analyse der Mittelwerte zeigt, dass die Arbeit mit dem Lehrbuch bei allen Gruppen – im Vergleich mit dem Mittelwert der Studierenden im Pre-Test – zu einem Wissenszuwachs geführt hat. Dieser fällt jedoch innerhalb der einzelnen Gruppen unterschiedlich aus: die pBook-Gruppe ($\bar{x}_{pBook}$=7,72) erzielte mehr Punkte als die mBook-Gruppe ($\bar{x}_{mBook}$=6,91). Am schlechtesten schnitt die eBook-Gruppe ($\bar{x}_{eBook}$=5,30) ab. Die Post-Hoc-Analyse durch den Scheffé-Test führt jedoch zu dem Ergebnis, dass sowohl im Hinblick auf das Gesamtergebnis als auch die Kategorien „Erinnern" und „Transfer" nur die Mittelwertsunterschiede zwischen der pBook- und mBook-Gruppe signifikant sind (Erinnern: p=,043; Transfer: p=0,004; Gesamt: p=,004).

4.7.1.3 Einflussfaktoren auf den Lernerfolg

Hinsichtlich der regelmäßigen Nutzung von eBooks und dem Lernerfolg ist über alle drei Lehrbuchgruppen hinweg kein signifikanter Zusammenhang festzustellen. Bezüglich der Anstrengung der Augen kann nur bei der eBook-Gruppe ein signifikanter Zusammenhang mit dem Lernerfolg festgestellt werden (p=0,013). Der Post-Hoc-Test verdeutlicht jedoch, dass hier kein systematischer Zusammenhang besteht (d.h. es gilt weder je höher die Anstrengung der Augen, desto niedriger der Lernerfolg, noch je höher die Anstrengung der Augen, desto höher der Lernerfolg).

Als Indiz für die Lesegeschwindigkeit wurde die Angabe der Studierenden herangezogen, ob sie die Pflichtkapitel gelesen haben oder nicht. Die Varianz-analyse zeigt, dass über alle Gruppen hinweg jene Studierenden, die angaben, alle Pflichtkapitel gelesen zu haben auch einen signifikant höheren Lernerfolg erzielten ($F_{(2;154)}=12{,}290$, p=0,000 ($\alpha<0{,}05$)). Eine Betrachtung der Verteilung der Studierenden, welche alle Pflichtkapitel gelesen haben zeigt, dass insbesondere in der eBook-Gruppe ein Großteil der Studierenden nur einen Teil der Pflichtkapitel gelesen hat (siehe Tabelle 8).

	Gültige N	Ja	Nein
pBook	61	63,9%	36,1%
eBook	39	35,9%	64,1%
mBook	53	56,6%	43,4%

Tabelle 8: Gelesene Pflichtkapitel in Abhängigkeit der jeweiligen Lehrbuch-Gruppe

Dass sich dies auch auf deren Lernerfolg auswirkte, zeigt eine differenzierte Betrachtung der von den Studierenden pro Aufgabe erzielten Punktzahlen. Die fünfte Aufgabe des Wissenstests ist die einzige, welche sich inhaltlich auf den zweiten Teil des Lehrbuchs bezieht. Eine Varianzanalyse mit anschließender Scheffé-Post-Hoc-Analyse zeigt, dass dies zudem die einzige Aufgabe ist, bei der die Studierenden der eBook-Gruppe eine signifikant niedrigere Punktzahl erzielten als die Studierenden der pBook (p=,011) *und* die der mBook-Gruppe (p=,006).

Im Rahmen der statistischen Auswertung trat zudem noch eine weitere zentrale Einflussvariable auf den Lernerfolg auf, welche zuvor nicht antizipiert wurde. So stellte sich das von den Lernende studierte Lehramt als bedeutsame Kova-riable heraus ($F_{(3;154)}=10{,}858$, p=0,000, $\acute{\eta}^2=0{,}172$). Die Studierenden des Lehramts L5 erreichten im Wissenstest durchschnittlich 8,5 Punkte, während die Studierenden des Studiengangs L2 lediglich einen Mittelwert von 5,5 Punkten erzielten. Eine – nach Lehramtsgruppen separierte – Analyse des Zusammenhangs zwischen Lernerfolg und Lehrbuchformat bestätigt zwar die Mittelwertsunterschiede zwischen den unterschiedlichen Lehrbuchgruppen und auch die für die Gesamtgruppe festgestellte Hierarchie (Lernerfolg$_{eBook}$<Lernerfolg$_{mBook}$<Lernerfolg$_{pBook}$), die Zusammenhänge sind hier jedoch nicht signifikant (siehe Tabelle 9).

		Quadrat-summe	df	Mittel der Quadrate	F	Signifi-kanz
Gesamt	Zwischen den Gruppen	156,297	2	78,148	6,474	,002
	Innerhalb der Gruppen	1871,167	155	12,072		
L2	Zwischen den Gruppen	23,545	2	11,772	1,118	,332
	Innerhalb der Gruppen	863,179	82	10,527		
L5	Zwischen den Gruppen	13,033	2	6,517	0,574	,566
	Innerhalb der Gruppen	704,467	62	11,362		

Tabelle 9: Zusammenhang Lernerfolg und Lehrbuchformat (getrennt nach Studiengang)

4.7.2 *Evaluation des Lehrbuchs*

Die Evaluation des Lehrbuchs zeigt, dass dieses in den meisten abgefragten Dimensionen von den Studierenden als positiv bewertet wurde. So stimmte über alle Lehrbuchgruppen hinweg die große Mehrheit der Befragten den Aussagen zu, dass das Lehrbuch verständlich gestaltet, die Schrift gut lesbar und das Finden der wichtigsten Informationen leicht war (siehe Tabelle 10).

Unterschiede zwischen den Gruppen gibt es insbesondere im Hinblick auf das Item „Das Lesen des Lehrbuchs hat meine Augen angestrengt". Dieser Aussage stimmten 47,5% der eBook-Leser, 37,5% der mBook-Leser und lediglich 6,5%

der pBook-Leser (eher) zu. Auch hinsichtlich der Leichtigkeit der Arbeit mit der jeweiligen Lehrbuchvariante schneiden die digitalen Formen im Vergleich zur papierbasierten Variante schlechter ab. So stimmten der Aussage „Die Arbeit mit dem Lehrbuch ist mir leichtgefallen" 96,7% der pBook-Nutzer, 82,5% der eBook-Nutzer und 75,0% der mBook Nutzer (eher) zu (siehe Tabelle 10).

	pBook		eBook		mBook	
	Trifft (eher) zu (%)	Trifft (eher) nicht zu (%)	Trifft (eher) zu (%)	Trifft (eher) nicht zu (%)	Trifft (eher) zu (%)	Trifft (eher) nicht zu (%)
Das Lehrbuch ist verständlich gestaltet.	98,3	0,0	95,0	0,0	86,5	1,8
Die Schrift war gut zu lesen.	100	0,0	97,5	0,0	98,2	0,0
Es war leicht im Lehrbuch die wichtigsten Informationen zu finden.	95,1	1,6	90,0	7,5	91,1	3,5
Das Lesen des Lehrbuchs hat meine Augen angestrengt.	6,5	82	47,5	40,0	37,5	50,0
Die Arbeit mit dem Lehrbuch ist mir leichtgefallen.	96,7	0,0	82,5	7,5	75	16,1
Die Arbeit mit dem Lehrbuch hat mir Spaß gemacht.	67,2	6,5	62,5	10,0	64,3	21,5
Die Arbeit mit dem Lehrbuch war motivierend.	57,4	11,5	42,5	15,0	55,4	21,5

Tabelle 10: Übersicht über die Ergebnisse der Evaluation des Lehrbuchs (geschlossene Fragen)

Darüber hinaus stimmten 64,7% aller Studierenden der Aussage (eher) zu, dass ihnen die Arbeit mit dem Lehrbuch Spaß gemacht hat. (Eher) Motivierend fanden diese jedoch nur 57,4% der pBook-, 42,5% der eBook- und 55,4% der mBook-Nutzer (siehe Tabelle 10).

Neben den geschlossenen Fragen diente auch die offene Frage danach, was den Studierenden an dem Lehrbuch gut bzw. nicht gefallen hat, der Evaluation des Lehrbuchs. Insgesamt haben 94,9% der Studierenden positive (n=409) und 61,7% negative Kritikpunkte (n=124) geäußert, welche im Zuge der Kodierung in 23 bzw. 25 Kategorien zusammengefasst wurden.

Über alle Lehrbuchgruppen hinweg werden insbesondere die Verständlichkeit (der Sprache), die Strukturierung und Gliederung, die Übersichtlichkeit des Lehrbuchs sowie die Gestaltung bzw. Auswahl der typografischen Elemente positiv erwähnt (siehe Tabelle 11). Diese genannten Kriterien untermauern folglich die positive Einschätzung der Verständlichkeit, Lesbarkeit und Übersichtlichkeit des Lehrbuchs, welche die Studierenden bereits im Rahmen der geschlossenen Evaluationsfragen vornahmen. Das Kriterium „Videos" gehört ebenfalls zu den fünf am häufigsten erwähnten positiven Aspekten des Lehrbuchs, auch wenn dieses – in der Konsequenz, dass nur bei einer Lehrbuchversion Videos beinhaltet waren – ausschließlich von Studierenden der mBook-Gruppe benannt wurde (siehe Tabelle 11).

Was hat Ihnen an dem Lehrbuch gut gefallen?	Gesamt (N)	Gesamt (%)
1. *Verständlichkeit/Sprache*	79	50,3%
2. *Strukturierung & Gliederung*	56	35,7%
3. *Übersichtlichkeit*	36	22,9%
4. *Videos*	35	22,3%
5. *Gestaltung/Typografische Elemente*	34	21,7%
6. *Informationsumfang (Länge/Kompaktheit)*	29	18,5%
7. *Bearbeitungsmöglichkeiten*	28	17,8%
8. *Anschaulichkeit/Beispiele*	25	15,9%
9. *Arbeitsaufgaben*	20	12,7%
10. *Bilder/Grafiken*	16	10,2%

Tabelle 11: Die zehn am häufigsten benannten positiven Aspekte des Lehrbuchs

Zu den am häufigsten genannten negativen Kritikpunkten gehören Navigations- bzw. Orientierungsprobleme, die Bevorzugung von gedrucktem Material, Schwierigkeiten bei der Bearbeitung sowie gesundheitliche Aspekte. Neben diesen, speziell mit den digitalen Buchvarianten verbundenen Kritikpunkten, werden von den Studierenden auch einzelne inhaltliche Aspekte (zu viele Wiederholungen bzw. Informationen) kritisiert (siehe Tabelle 12).

Was hat Ihnen an dem Lehrbuch nicht gefallen?	Gesamt (N)	Gesamt (%)
1. Navigations-/Orientierungsprobleme	18	11,5%
2. Präferenz von gedrucktem/ handgeschriebenem Material	14	8,9%
3. Probleme bei der Anfertigung von Notizen/ Markierungen	11	7,0%
4. Gesundheitliche Aspekte	10	6,4%
5. Zu viele Wiederholungen	8	5,1%
6. Zu viele Informationen	7	4,5%
6. Einarbeitung notwendig	7	4,5%
8. Zu kurze Bearbeitungszeit	6	3,8%
8. Textlänge & -gestaltung	6	3,8%
10. Zeitverlust durch Technik	5	3,2%

Tabelle 12: Die zehn am häufigsten benannten negativen Aspekte des Lehrbuchs

Zusammenfassend lässt sich folglich festhalten, dass alle drei Lehrbuchvarianten eher positiv bewertet wurden. Es zeigt sich aber auch, dass ein Teil der Studierenden das Lesen der digitalen Varianten als anstrengend und schwieriger empfunden hat und dass hierbei auch mehr Probleme auftraten.

4.7.3   *Nutzungsverhalten und Einstellung der Studierenden*

Hinsichtlich des Nutzungsverhaltens kommt die Studie zu dem Ergebnis, dass nur 7,1% der Studierenden (eher) regelmäßig eBooks zum Lernen benutzen. Obgleich nur 42,3% der Studierenden angaben, das ihnen das Lesen am Computer (eher) nicht leicht fällt, stuften 55,5% das Lesen von Büchern oder Texten am Computer als (eher) anstrengend ein und 71,6% lesen (eher) ungerne digitale Bücher oder Texte am Computer oder Laptop (siehe Tabelle 13).

	Trifft (eher) zu (%)	Trifft (eher) nicht zu (%)
Ich nutze regelmäßig eBooks zum Lernen.	7,1	89,1
Ich lese gerne digitale Bücher oder Texte am Computer oder Laptop.	16,8	71,6
Ich drucke mir eBooks zum Lesen am liebsten aus.	54,3	33,3
Das Lesen am Computer/Laptop fällt mir leicht.	30,8	42,3
Das Lesen am Computer/Laptop strengt mich an.	55,5	28,4
Wenn ich zwischen einem gedruckten und einem digitalen Buch wählen könnte, würde ich die digitale Version wählen.	10,3	79,4

Tabelle 13: Nutzungsverhalten und Einstellung der Studierenden (gesamt)

Zudem stimmte über die Hälfte aller Studierenden der Aussage (eher) zu, dass sie eBooks zum Lesen am liebsten ausdrucken. Die deutliche Mehrheit (79,4%) der Studierenden würde sich eigenen Einschätzungen zufolge, sofern sie vor der Wahl stünden, (eher) für die papiergebundene Variante entscheiden (siehe Tabelle 13).

Eine Differenzierung der Antworten nach der Zugehörigkeit zu der jeweiligen Lehrbuch-Gruppe zeigt, dass es hier vereinzelt Unterschiede gibt. Insbesondere Studierende der pBook-Gruppe gaben im Vergleich häufiger an, dass sie das Lesen am Computer anstrengt (62,2%), dass ihnen das Lesen am Computer (eher) schwerfällt (45,8%) und dass sie (eher) ungern digitale Bücher oder Texte am Computer oder Laptop lesen (78,7%). In dieser Konsequenz ist auch wenig überraschend, dass lediglich 5,0% der Studierenden der pBook-Gruppe, wenn sie vor der Wahl stünden, die digitale Variante des Buchs wählen würden (siehe Tabelle 14).

	pBook		eBook		mBook	
	Trifft (eher) zu (%)	Trifft (eher) nicht zu (%)	Trifft (eher) zu (%)	Trifft (eher) nicht zu (%)	Trifft (eher) zu (%)	Trifft (eher) nicht zu (%)
Ich nutze regelmäßig eBooks zum Lernen.	8,2	85,3	10,0	87,5	3,6	94,5
Ich lese gerne digitale Bücher oder Texte am Computer oder Laptop.	14,8	78,7	15,4	66,7	20,0	67,2
Ich drucke mir eBooks zum Lesen am liebsten aus.	57,6	28,8	60,0	32,5	46,3	38,9
Das Lesen am Computer/ Laptop fällt mir leicht.	26,3	45,8	30,0	42,5	36,3	38,2
Das Lesen am Computer/ Laptop strengt mich an.	62,2	23,0	55,0	30,0	48,1	33,3
Wenn ich zwischen einem gedruckten und einem digitalen Buch wählen könnte, würde ich die digitale Version wählen.	5,0	85,0	15,0	77,5	12,8	74,5

Tabelle 14: Nutzungsverhalten und Einstellung der Studierenden (getrennt nach Lehrbuchformat)

Die Studierenden der eBook- und mBook-Gruppe haben im Vergleich zur pBook-Gruppe eine tendenziell positivere Einstellung gegenüber digitalen Büchern und unterscheiden sich hinsichtlich der meisten Kriterien nur unwesentlich. Auffällig ist jedoch, dass das Item „Ich drucke mir eBooks zum Lesen am liebsten aus" von der eBook-Gruppe die stärkste (60,0%) und von der mBook-Gruppe die geringste (46,3%) Zustimmung erhielt (siehe Tabelle 14). Neben diesen geschlossenen Fragen galt es auch die Einstellung der Studierenden gegenüber digitalen (Lehr-)Büchern durch die offenen Fragen nach den

Vor- und Nachteilen von eBooks im Vergleich zu papiergebundenen Büchern zu erfragen. Insgesamt haben 92,4% der Studierenden Vor- und 93,6% Nachteile benannt, welche die Zuge der Kodierung in 25 bzw. 28 Kategorien zusammengefasst wurden.

Die Vorteile von eBooks sind aus Sicht der Studierenden – über alle Gruppen hinweg – die Verfügbarkeit und Zugänglichkeit (31,2%), der geringere Ressourcenverbauch (29,3%), die Kompaktheit (22,9%), die Transportabilität (22,3%) sowie die Bearbeitungsmöglichkeiten und das geringere Gewicht digitaler Bücher (je 17,2%) (siehe Tabelle 15).

Was sind aus Ihrer Sicht die Vorteile von eBooks im Vergleich zu gedruckten Büchern?	Gesamt (N)	Gesamt (%)
1. Verfügbarkeit/ Zugänglichkeit	49	31,2%
2. Umweltschonender	46	29,3%
3. Platzsparend/ handlicher	36	22,9%
4. Transportabler/ mobiler	35	22,3%
5. Bearbeitungsmöglichkeiten	27	17,2%
5. Niedrigeres Gewicht	27	17,2%
7. Niedrigere Kosten	25	15,9%
8. Multimedialität- & modalität/ Gestaltung	14	8,9%
8. Suchfunktion/ schnelles Finden von Informationen	14	8,9%
10. Sauberkeit/ Haltbarkeit	11	7,0%

Tabelle 15: Die zehn am häufigsten genannten Vorteile von eBooks

Die Multimedialität bzw. -modalität wurde vor allem von den Nutzern des mBooks (N=10/17,9%) positiv erwähnt. Über alle Studierenden hinweg wurden die Multimedialität und -modalität (8,9%) wie auch die mit den Einstellungsmöglichkeiten einhergehende Flexibilität (4,5%) von digitalen Lehrbüchern jedoch eher vereinzelt als Vorteil genannt (siehe Tabelle 15).

Kritisch merkten die Studierenden an, dass bei digitalen Lehrbüchern die Bearbeitung schwieriger sei (37,6%). Ferner gehörten auch gesundheitliche Aspekte (28,0%), die Abhängigkeit von Technik und Strom (26,8%) sowie die mit dem Lesen verbundene höhere Anstrengung (21,0%) zu den am häufigsten benannten Nachteilen digitaler Bücher. 24,8% der Studierenden gaben zudem an, dass sie einen stärkeren emotionalen Bezug zu gedruckten Büchern verspüren bzw. dass mit eBooks ein Gefühl von Wert- und Kulturverlust einhergeht (siehe Tabelle 16).

Was sind aus Ihrer Sicht die Nachteile von eBooks im Vergleich zu gedruckten Büchern?	Gesamt (N)	Gesamt (%)
1. *Bearbeitung ist schwieriger*	59	37,6%
2. *Gesundheitliche Aspekte*	44	28,0%
3. *Abhängigkeit von Technik/Strom*	42	26,8%
4. *geringere Emotionale Verbundenheit/ Verlust von Wert & Kultur*	39	24,8%
5. *Lesen fällt schwerer/ ist anstrengender*	33	21%
6. *Keine handschriftlichen Notizen*	22	14,0%
7. *Geringerer Lernerfolg*	17	10,8%
8. *Notwendigkeit & Kosten der Ausstattung*	14	8,9%
9. *Schwierigere Orientierung/Navigation*	12	7,6%
10. *Zeitaufwändig*	11	7,0%

Tabelle 16: Die zehn am häufigsten benannten Nachteile von eBooks

Darüber hinaus vermissen 14,0% der Studierenden hier die Möglichkeit, handschriftliche Notizen zu verfassen und 10,8% gaben an, dass die Arbeit mit elektronischen Büchern bei ihnen den Lernerfolg negativ beeinflusst (siehe Tabelle 16).

Ein Lehrbuchgruppen-Vergleich verdeutlicht, dass insbesondere die eBook-Nutzer von einem subjektiv empfundenen, geringeren Lernerfolg berichteten (eBook: 20,0%; mBook: 8,9%; pBook: 6,6%). Auch hinsichtlich der Bearbeitungsmöglichkeiten zeichnen sich Unterschiede zwischen den Gruppen ab. Während lediglich 15,0% der eBook-Leser diese als nachteilig einschätzten, sind es doppelt so viele Studierenden der mBook-Gruppe (30,4%). Dies sind jedoch im Vergleich zur pBook-Gruppe, in der 59,0% die Bearbeitungsmöglichkeiten von digitalen Büchern als Nachteil betrachteten, wenige.

4.8 Zusammenführung, Interpretation und Diskussion der Ergebnisse

Im Rahmen der Studie konnte ein Zusammenhang zwischen dem Lernerfolg und dem jeweils verwendeten Lehrbuchformat (pBook, eBook, mBook) festgestellt werden. H1.0 ist in dieser Folge zu verwerfen. Die Ergebnisse zeigen, dass Studierende, die mit der papierbasierten Version des Lehrbuchs gearbeitet haben, einen signifikant höheren Lernerfolg erzielten als jene, die mit dem eBook gearbeitet haben. Somit ist H1.1 signifikant abgesichert. Demgegenüber erzielten zwar auch die Studierenden der mBook-Gruppe im Wissenstest im Mittel mehr Punkte als die der eBook-Gruppe, da die Ergebnisse jedoch (knapp) nicht signifikant sind (p=0,086), gilt es H1.3 zu verwerfen. Zudem ist auch H1.2 zu verwerfen, da die Arbeit mit dem mBook zu einem geringeren Lernerfolg führte, als die mit dem pBook. Über alle Gruppen hinweg lassen sich die Mittelwertsunterschiede zwischen den Gruppen demnach wie folgt zusammenfassen: $Lernerfolg_{eBook} < Lernerfolg_{mBook} < Lernerfolg_{pBook}$. Signifikant abgesichert ist jedoch nur H1.1 ($Lernerfolg_{eBook} < Lernerfolg_{pBook}$).

Dieses Ergebnis bestätigt folglich die These, dass eine Differenzierung zwischen den digitalen Lehrbuchformen wichtig ist (siehe Kapitel 3.3.1). Auch wenn die mBooks zu keinem größeren Lernerfolg führen als die pBooks, scheinen diese den eBooks dennoch (leicht) überlegen zu sein. Mögliche Erklärungen für die Unterschiede im Lernerfolg bieten unter anderem die in die Studie mit einbezogenen Kovariablen.

Auf Basis der gesammelten Daten kann zunächst kein signifikanter Zusammenhang zwischen dem Lernerfolg und den Vorerfahrungen der Studierenden mit der Arbeit mit digitalen Lehrbüchern festgestellt werden. Demzufolge ist H2.0 anzunehmen und H2.1 zu verwerfen. Dass der geringere Lernerfolg der Studierenden der eBook- und mBook-Gruppe dennoch mit den geringen Vorerfahrungen in Zusammenhang stehen könnte, wird durch die Ergebnisse der Evaluationsfragen nahegelegt. So gehören hierbei Navigations-, Orientierungs- bzw. Bearbeitungsprobleme zu den von Studierenden der eBook- und mBook- Gruppe am häufigsten benannten negativen Aspekten der Lehrbucharbeit. Es ist folglich nicht auszuschließen, dass diese Probleme – z.B. indem sie kognitive Kapazitäten beanschlagten – auch einen Einfluss auf den Lernerfolg genommen haben. Diese These lässt sich auf Basis der Daten jedoch zunächst nicht weiter begründen.

Ähnlich verhält es sich auch mit der Lese- bzw. Bearbeitungsgeschwindigkeit. Zunächst ist es nicht überraschend, dass die Studierenden, die alle Pflichtkapitel gelesen haben auch einen höheren Lernerfolg erzielen (H4.2.1 ist folglich anzunehmen). Dass auch hier ein Zusammenhang mit dem Lehrbuchformat besteht, wird durch die weiteren Betrachtungen nahegelegt. Eine Analyse des Anteils der Studierenden, die die Pflichtkapitel gelesen haben, zeigt, dass hier die eBook-Gruppe hinter den anderen deutlich zurückfällt. Zwar haben auch weniger mBook- als pBook-Nutzer alle Pflichtkapitel bearbeitet, die Differenz fällt hier jedoch deutlich geringer aus. Es lässt sich hieraus schlussfolgern, dass die Lesegeschwindigkeit bei der Bearbeitung der digitalen Lehrbuchvarianten tendenziell geringer ist, als bei der von pBooks. Es gilt jedoch noch einmal zwi- schen eBooks und mBooks zu unterscheiden. H4.1.1 ist folglich anzunehmen, muss aber bezüglich der unterschiedlichen digitalen Lehrbuchformate noch weiter ausdifferenziert werden.

Dieses Ergebnis bestätigt zunächst die Forschungsergebnisse von Daniel und Woody (2013) und Connell et al. (2012) (siehe Kapitel 3.3.2), verdeutlicht jedoch, dass nicht der Bildschirm allein eine geringere Lesegeschwindigkeit bedingt. So liegt die Vermutung nahe, dass die in mBooks eingebundenen Videos die Bearbeitungszeit positiv beeinflussen. Dies liegt auch darin begründet, dass diese substitutiv und nicht additiv in das Lehrbuch eingebunden wurden. Auf Basis dessen lässt sich die These aufstellen, dass durch die substitutive Einbindung von Videos die negative Wirkung der Bildschirmarbeit auf die Lesegeschwindigkeit zumindest partiell kompensiert werden kann.

Diese These sollte in Folgeuntersuchungen überprüft werden. Darüber hinaus legen die Evaluationsergebnisse nahe, dass noch weitere Faktoren die Lesegeschwindigkeit bei der Bearbeitung der digitalen Lehrbücher negativ beeinflussen. So kann angenommen werden, dass die von den Studierenden berichteten Navigations-, Orientierungs- und Bearbeitungsprobleme zu zeitlichen Verzögerungen geführt und in dieser Folge die Bearbeitung insgesamt verlangsamt haben. Diese Vermutung wird durch die Evaluation bestärkt, im Rahmen derer fünf Studierende von einem Zeitverlust durch die Technik berichteten.

Insgesamt erscheint die negative Beeinflussung des Lernerfolgs durch die geringe Lesegeschwindigkeit, insbesondere bei der eBook-Gruppe, folglich wenig überraschend. Zusammenfassend lässt sich demnach festhalten, dass auch zwischen dem Lehrbuchformat, der Lesegeschwindigkeit und dem Lernerfolg ein komplexes Wechselwirkungsverhältnis besteht.

Hinsichtlich der Augenmündigkeit konnte kein signifikanter Zusammenhang mit dem Lernerfolg festgestellt werden. Dennoch zeigen die Evaluationsergebnisse, dass die Bearbeitung der digitalen Lehrbuchvarianten von den Studierenden als für die Augen deutlich anstrengender empfunden wurde, als die Arbeit mit dem pBook (H3.1.1 ist folglich anzunehmen). Wie bei der Lesegeschwindigkeit, zeichnen sich jedoch auch hier Unterschiede zwischen der eBook- und der mBook-Gruppe ab. Die Ergebnisse liefern Indizien dahingehend, dass auch hier die Einbindung von Videos ein Stück weit kompensierend wirken kann. Diese These kann aber auf Basis der Daten nicht weiter begründet werden. Auch wenn die Hypothese 3.2.0 zunächst zu verwerfen ist, ist es daher dennoch nicht gänzlich auszuschließen, dass sich die Augenmüdigkeit – speziell bei einer längeren Bearbeitungszeit – negativ auf den Lernerfolg auswirken kann.

Insgesamt bestätigen die Ergebnisse der Analyse des Einflusses der Kovariablen auf den Lernerfolg folglich die in Kapitel 3.3.3 aufgestellte These, dass die eBooks im Hinblick auf den Lernerfolg keine wesentlichen Vorteile gegenüber den pBooks bieten. Die negativen Einflussfaktoren – wie beispielsweise die langsamere Lesegeschwindigkeit – kommen in dieser Folge stärker als bei mBooks zum Tragen und beeinflussen den Lernerfolg negativ. Ein Indiz für die positive Wirkung der Videos stellt auch die Tatsache dar, dass immerhin 62,5% der Studierenden der mBook-Gruppe im Rahmen der offenen Evaluationsfrage die Videos als ein bzw. das Element benannten, das ihnen an dem Lehrbuch gut gefallen hat. Dennoch gilt es zu betonen, dass auch die Arbeit mit mBooks den Lernerfolg nicht so positiv beeinflusst wie die mit pBooks. Die Diskussion der Ergebnisse verdeutlicht die Notwendigkeit in Folgestudien zu untersuchen, wie Lernende mit digitalen Lehrbüchern am besten arbeiten können bzw. welche (Bedien-)Kompetenzen sowie Lese- und Lernstrategien für eine erfolgreiche Arbeit mit eben diesen benötigt werden.

Neben den zuvor antizipierten Kovariablen stellte sich im Rahmen der Auswertung der Studie auch der Studiengang als eine bedeutsame Einflussgröße für die Erklärung von Lernerfolgsunterschieden heraus. So zeigt die diesbezüglich errechnete Effektstärke ($\acute{\eta}^2=0{,}172$), dass der Studiengang einen wesentlich größeren Anteil an Aufklärung der Variabilität der Messwerte liefert, als die jeweils verwendete Lehrbuchform ($\acute{\eta}^2=0{,}07$). Auf Basis der Studienergebnisse lässt sich nicht begründen, wodurch diese Unterschiede entstehen. Mögliche Erklärungen könnten Differenzen im Vorwissen oder aber auch Unterschiede in der Lern- und Leistungsmotivation sein. Auch wenn der Studiengang eine bedeutsame Kovariable darstellt, wird hierdurch das für die Gesamtgruppe festgestellte Ergebnis nicht gänzlich relativiert. So zeigt auch eine nach den Lehramtsgruppen getrennte Analyse des Zusammenhangs zwischen Lehrbuchformat und Lernerfolg, dass hierbei Mittelwertunterschiede bestehen, welche der für die Gesamtgruppe festgestellten Hierarchie entsprechen. Diese Zusammenhänge sind jedoch hier nicht länger signifikant, was hingegen auch auf die geringere Stichprobengröße zurückzuführen sein könnte (siehe hierzu Kapitel 4.9).

Die Ergebnisse der Lehrbuchevaluation zeigen, dass die inhaltliche und typografische Gestaltung des Lehrbuchs von den Studierenden über alle Lehrbuchformate hinweg positiv bewertet wurde. Die in Kapitel 3.2 erörterten Kriterien guter Lehrbücher – auf denen die Gestaltung und Konzeption des Lehrmaterials aufbaute (siehe hierzu Kapitel 4.3) – werden folglich in ihrer positiven Wirkung bestätigt. Die von den Studierenden benannten negativen Kritikpunkte beziehen sich meist auf die digitalen Lehrbuchvarianten. Deren Bedeutsamkeit für den Lernerfolg wurde in den vorherigen Ausführungen bereits diskutiert.

Die allgemeine Analyse des Nutzungsverhaltens von Studierenden verdeutlicht, dass diese eher selten eBooks nutzen und dieser Lehrbuchform auch insgesamt eher kritisch gegenüberstehen. Interessant ist dabei die Feststellung, dass die Studierenden, die zuvor das eBook oder mBook bearbeitet haben, eine tendenziell positivere Einstellung gegenüber digitalen Lehrbüchern aufwiesen. Ursache hierfür können die im Rahmen der Studie gesammelten neuen Erfahrungen beispielsweise hinsichtlich der Bearbeitungsmöglichkeiten sein. Diese These wird dadurch untermauert, dass 59,0% der pBook-Nutzer anmerken, dass bei eBooks eine Bearbeitung nicht oder nur schwer möglich ist, während dies nur 30,4% der mBook und 15,0% der eBook-Nutzer benennen. Interessant ist an dieser Stelle auch, dass die Studierenden der mBook-Gruppe im Vergleich zu denen der anderen beiden Gruppen weniger häufig angeben, eBooks am liebsten auszudrucken. Das könnte darin begründet liegen, dass die von ihnen bearbeitete Form Videos enthielt, die logischerweise nicht ausgedruckt werden können. Auch hierbei ist folglich anzunehmen, dass die gesammelten Erfahrungen im Rahmen der Durchführung der Studie die Einschätzung der Studierenden beeinflusst haben.

Die Multimodalität/-medialität sowie die Interaktivität/die Einstellungsmöglichkeiten wurden nur sehr vereinzelt und primär von Nutzern des mBooks genannt. Das ist wenig überraschend, da diese in der theoretischen Diskussion fokussierten neuen Möglichkeiten digitaler Lehrbücher in den pBook- und eBook-Gruppen keine Berücksichtigung fanden.

Die von den Studierenden genannten Nachteile von eBooks weisen deutliche Parallelen zu der im Rahmen der Evaluation geäußerten Kritik auf. Dennoch wird hier ein neuer Aspekt erwähnt, der im Rahmen dieser Arbeit bislang erst eine geringe Berücksichtigung gefunden hat. So erscheint die virtuelle bzw. immaterielle Erscheinungsform für knapp ein Viertel der Studierenden mit einer geringeren emotionalen Verbundenheit bzw. mit dem Gefühl von Wert- und Kulturverlust einherzugehen. Dies bestätigt die theoretischen Überlegungen in Kapitel 2.2.2. Auf einer persönlichen bzw. emotionalen Ebene scheinen digitale Lehrbücher folglich einen deutlichen Nachteil gegenüber der gedruckten Variante aufzuweisen, was sich wiederum negativ auf das Lernen bzw. die Lernmotivation auswirken könnte. Dies ist ein Aspekt, den es in Folgestudien differenzierter zu untersuchen gilt.

Zusammenfassend lässt sich folglich festhalten, dass auch die Ergebnisse der Studie erneut verdeutlichen, dass „Lernerfolg" ein sehr komplexes Konstrukt ist, welches von zahlreichen Faktoren beeinflusst wird. So lassen sich die im Rahmen dieser Studie festgestellten Lernerfolgsdifferenzen nicht nur auf die Besonderheiten zurückführen, die mit den unterschiedlichen Lehrbuchformaten verbunden sind, sondern es ist davon auszugehen, dass auch weitere Faktoren (z.B. die (fehlenden) Vorerfahrungen und Kompetenzen der Studierenden im Umgang mit digitalen Lehrbüchern) in diesem Kontext eine wichtige Rolle einnehmen. Die Ergebnisse zeigen zudem auf, dass die Studierenden eBooks nur selten nutzen und diesen auch zum Großteil eher kritisch gegenüberstehen. Abschließend gilt es zu betonen, dass es der weiteren, differenzierten Erforschung des Zusammenhangs zwischen den Lehrbuchformen und dem Lernerfolg bedarf. Andererseits muss aber auch in der Praxis die Notwendigkeit erkannt werden, den Einsatz digitaler Lehrbücher kritisch zu reflektieren und den Studierenden die, für eine erfolgreiche Arbeit mit digitalen Lehrbüchern benötigten, Kompetenzen zu vermitteln.

4.9 Kritische Betrachtung des methodischen Vorgehens

Vor Durchführung der Studie wurden die Erhebungsinstrumente (theoriegeleitet) entwickelt. Die Verständlichkeit und Eindeutigkeit der Fragen des Wissenstests sowie des Fragebogens wurden durch einen Pre-Test überprüft und durch Modifizierungen sichergestellt.

Die Kombination des Wissenstests mit einem Fragebogen hat sich als zielführend erwiesen. Hierdurch konnte ein differenzierteres Bild über die Wirkung der jeweiligen Lehrbuchformate auf den Lernerfolg der Studierenden gewonnen und in dieser Folge auch erste Erklärungsansätze für diese Unterschiede erarbeitet werden. Es ist jedoch anzumerken, dass der Arbeit insgesamt ein eingeschränktes Lernerfolgsverständnis zugrunde liegt, da die Fragen des Wissenstests nur auf Basis von Blooms Lernzieltaxonomie für den kognitiven Bereich erstellt wurden. Folgestudien könnten auch weitere Lernziele (z.B. aus dem sozialen oder affektiven Bereich) berücksichtigen. Perspektivisch wäre in Folgestudien zudem eine Erweiterung des methodischen Designs, um weitere Erhebungsmethoden anzustreben. Es ist anzunehmen, dass die gezielte Beobachtung der Arbeit der Studierenden mit den Lehrbüchern sowie die Analyse der bearbeiteten Lehrbücher näheren Aufschluss über das Lernen mit digitalen Lehrbüchern und die damit verbundenen Chancen und Grenzen geben könnten.

Die Durchführung der Studie erfolgte unter Berücksichtigung der von Blömeke genannten Kritikpunkte an Interventionsstudien. Hierdurch galt es sicherzustellen, dass häufig auftretende Fehler vermieden werden. Dennoch gibt es bezüglich des Forschungsdesigns ausgewählte Aspekte, die es zu kritisieren gilt.

Für die Studie wurden insgesamt eine Kontroll- und drei Versuchsgruppen gebildet. Erstere nahm jedoch an keiner Intervention teil, sondern diente lediglich als Pre-Test-Gruppe zur Überprüfung des Vorwissens. Damit fungierte diese Gruppe jedoch nicht als „Kontrollgruppe" im eigentlichen Sinne. Hierfür wäre deren Einbindung in die weitere Intervention notwendig gewesen. Zudem ist bezüglich des Pre-Tests kritisch anzumerken, dass dieser nur mit der Kontroll- und nicht mit den Versuchsgruppen durchgeführt wurde. Auch wenn auf Basis der Ergebnisse des Pre-Tests der These gefolgt werden kann, dass auch die Studierenden der Stichprobe keine bis sehr geringe Vorkenntnisse hinsichtlich des Themenbereichs aufwiesen, kann nicht gänzlich ausgeschlossen werden, dass in den Versuchsgruppen vielleicht doch ein anders ausgeprägtes Vorwissen vorhanden war. Um dies sicherzustellen wäre es notwendig gewesen, den Pre-Test auch mit den Versuchsgruppen durchzuführen. Dies war im Rahmen der Durchführung dieser Studie organisatorisch nicht möglich, ist aber in Folgestudien anzustreben.

Bei der Durchführung der Studie mit den Versuchsgruppen wurden die Rahmenbedingungen weitestgehend standardisiert (z.B. gleicher Erhebungsleiter; gleiche Instruktionen; gleiche zeitliche Abfolge). Hierdurch wurde die Durchführungsobjektivität sichergestellt. Dennoch gilt es zu kritisieren, dass die Versuchsgruppen unterschiedlich groß und hinsichtlich der Verteilung der Studierenden auf die Studiengänge nicht gänzlich homogen waren. Da sich letzteres als eine zentrale Kovariable herausgestellt hat, ist in Folgestudien auf eine größere Homogenität zu achten.

Zudem ist kritisch anzumerken, dass der zeitliche Rahmen der Erhebung insgesamt sehr begrenzt war. Dies ist aus zweierlei Hinsicht problematisch: Zum einen bekamen die Studierenden der eBook- und mBook-Gruppe zwar eine kurze Einführung in die Funktionen und Nutzungsmöglichkeiten ihrer Lehrbuchvariante, es blieb ihnen jedoch insgesamt wenig Zeit, sich auch praktisch mit den Anwendungen auseinander zu setzen. Ferner wurde in Kapitel 2.3.2 angemerkt, dass die Arbeit mit digitalen Lehrbüchern eigentlich auch eine „Leseschulung" benötigt. Eine solche wurde im Rahmen der Studie nicht durchgeführt. Daher ist davon auszugehen, dass durch fehlende Lesekompetenzen und die „Herausforderung Technik" die Studierenden zumindest partiell von der Sache, also dem Lehrbuchinhalt, abgelenkt wurden. Dies führte vermutlich nicht nur zu einem Zeitverlust, sondern beanspruchte auch das Arbeitsgedächtnis.

Andererseits lassen sich auf Basis der knappen Bearbeitungszeit und der unmittelbaren Überprüfung des Lernerfolgs im Anschluss an die Erarbeitungsphase keine Aussagen dahingehend treffen, inwiefern die festgestellten Wirkungen auch für eine längere Nutzung beziehungsweise. für einen langfristigen Lernerfolg zutreffen (siehe hierzu Blömeke, 2003, S. 59).

Perspektivisch ist eine über einen längeren Zeitraum durchgeführte Studie folglich zu bevorzugen. Hierdurch können nicht nur die Nachteile/Probleme, die beim erstmaligen Arbeiten mit digitalen Lehrbüchern entstehen reduziert, sondern auch die Langzeitwirkung der Lehrbucharbeit auf den Lernerfolg untersucht werden.

Die Eingabe und statistische Auswertung der Daten erfolgte durch eine Person mit Hilfe der Software SPSS. Vor der Durchführung der mathematischen Operationen wurde zunächst überprüft, ob die jeweiligen Voraussetzungen gegeben sind. Bezüglich der Varianzanalyse lässt sich jedoch kritisch anmerken, dass von keiner einhundertprozentigen Normalverteilung des Merkmals in der Population ausgegangen werden kann. Die Varianzanalyse verhält sich hinsichtlich der Verletzung dieser Voraussetzung jedoch weitgehend robust (siehe hierzu Rasch, Friese, Hofmann, & Naumann, 2014, S. 31) und die Visualisierung der Daten verdeutlicht, dass diese nahezu normalverteilt sind. Insgesamt ist daher davon auszugehen, dass die Voraussetzungen für die Operationen erfüllt wurden und in diesem Sinne die Aussagekraft der Ergebnisse hierdurch nicht eingeschränkt wird.

Bei den Analysen in den Untergruppen konnten hinsichtlich der unterschiedlichen Variablen keine signifikanten Zusammenhänge festgestellt werden. So zeigen z.B. die nach den Lehramtsgruppen L2 und L5 differenzierten Ergebnisse hinsichtlich des Zusammenhangs zwischen Lehrbuchform und Lernerfolg zwar, dass es auch hier Mittelwertsunterschiede gibt, diese sind aber nicht signifikant. Das kann unter anderem darin begründet sein, dass die im Zuge der Analyse betrachtete Stichprobe wesentlich kleiner ist, was es erschwert, signifikante Ergebnisse zu erzielen. Zum anderen ist die Teilgruppe in sich homogener, was wiederum kleinere Mittelwertsunterschiede begünstigt.

Zur näheren Analyse der Wechselwirkungen zwischen Lehrbuchformat, Lernerfolg und Studiengang gilt es folglich zukünftig eine größere Stichprobe zu untersuchen.

Die inhaltsanalytische Auswertung des Wissenstests sowie des Fragebogens erfolgte durch eine Person anhand von im Vorhinein klar definierten Kriterien (Codebook, Erwartungshorizont). Auch wenn letztere die intersubjektive Nachvollziehbarkeit der Interpretationsprozesse ermöglichen, hätte die Auswertung, im Sinne des Gütekriteriums der Intersubjektivität, im Idealfall durch mehr als eine Person oder zumindest mehrmals erfolgen sollen (Inter- und Intracoderreliabilität). Dies war jedoch aus organisatorischen und zeitlichen Gründen nicht möglich. In Folgestudien ist dies jedoch anzustreben.

Ferner sind auch die aus den Antworten auf die offenen Fragen gebildeten Rangfolgen kritisch zu hinterfragen. So wurden einerseits die offenen Antwortfelder nicht von allen Studierenden gleichermaßen ausgefüllt. Andererseits erfassen diese Fragen nur jene Faktoren, die den Befragten in eben diesem Moment kognitiv präsent waren. Um über alle Lehrbuchgruppen hinweg vergleichbare Werte hinsichtlich der Bedeutsamkeit des jeweils angesprochenen Aspekts zu erhalten, wäre es notwendig gewesen, die Antwortmöglichkeiten zu standardisieren. Perspektivisch können die im Rahmen der Studie genannten Elemente für Folgestudien als Basis für die Entwicklung eines solchen Fragebogens dienen.

Die Ausführungen verdeutlichen, dass die Aussagekraft und Reichweite der Studienergebnisse, nicht zuletzt auch aufgrund des experimentellen Designs, der kurzen Durchführungszeit sowie der kleinen Stichprobe, begrenzt ist (siehe hierzu auch Blömeke, 2003, 58f.). Es besteht die Notwendigkeit, deren Validität durch weitere empirische Studien zu überprüfen.

5   Fazit

Die zunehmende Digitalisierung der Gesellschaft und die damit einhergehenden technologischen Entwicklungen haben in den letzten Jahren dazu geführt, dass digitale Lehrbücher zunehmend Einzug in die Hochschullehre gehalten haben. Da deren Einführung keinem Selbstzweck, sondern insbesondere der Förderung des Lernens dienen sollte, besteht die Notwendigkeit, deren Chancen und Grenzen für das erfolgreiche Lernen an Hochschulen zu untersuchen. Aus diesem Grund verfolgte diese Arbeit das Ziel, das Potential des Einsatzes digitaler Lehrbücher für das (erfolgreiche) Lernen in der Hochschule im Vergleich zu der papiergebundenen Variante zu analysieren und diskutieren.

Eine Gegenüberstellung der zentralen Merkmale papiergebundener und digitaler Lehrbücher verdeutlichte, dass letztere ein großes Potential bieten. Neben pragmatischen Vorteilen (z.B. einfache und schnelle Zugänglichkeit, Kompaktheit, Leichtigkeit, unbegrenzte Haltbarkeit, Wiederverwend- und Weiterverwertbarkeit, leichte und schnelle Aktualisierbarkeit) können insbesondere die multimodalen Lehrbücher auch einen Beitrag zur Flexibilisierung des Lernens leisten. Diesbezüglich sind speziell die Multimodalität sowie die Interaktivität positiv hervorzuheben. Mit diesen neuen Möglichkeiten sind zugleich auch Hoffnungen auf eine Verbesserung der Lernwirksamkeit von Lehrbüchern verbunden.

Der Einsatz digitaler Lehrbücher stößt aber auch an Grenzen. So hängen beispielsweise die Möglichkeiten der Bearbeitung von der genutzten Software sowie von Urheberrechtsregelungen der Herausgeber ab, ihr Wiederverkauf ist problematisch und aufgrund des einfacheren Produktionswegs besteht das Risiko inhaltlicher Qualitätsverluste. Ferner bringt die Einführung digitaler Lehrbücher in Bildungsinstitutionen einige Herausforderungen mit sich, die von der Sicherstellung der Verfügbarkeit, Kompatibilität und Zuverlässigkeit der Technik, über die Bewältigung der hiermit verbundenen Kosten, bis hin zu einer angemessenen Schulung der beteiligten Akteure reichen. Insbesondere letzteres ist für die erfolgreiche Arbeit mit digitalen Lehrbüchern von zentraler Bedeutung, denn sowohl die Lehrenden als auch die Lernenden benötigten neue Fähig- und Fertigkeiten, um das Potential eben dieser auszuschöpfen.

Zusammenfassend lässt sich festhalten, dass die digitalen Lehrbücher viele Vor-, aber auch einige Nachteile gegenüber den gedruckten Varianten haben. Diesbezüglich gilt es jedoch zu beachten, dass das Potential auch in einer engen Abhängigkeit zu der jeweiligen Lehrbuchform steht. Während sich eBooks nur minimal von der papiergebundenen Variante unterscheiden, eröffnen vor allem mBooks die Möglichkeit das Lesen und Lernen flexibler und vielfältiger zu gestalten. Inwiefern sich dies auch auf den Lernerfolg auswirkt, galt es durch eine genauere Analyse des Zusammenhangs zwischen Lehrbüchern und Lernerfolg zu klären.

Erfolgreiches Lernen ist an zahlreiche Bedingungen geknüpft, die wiederum in komplexer Wechselwirkung zueinanderstehen. Neben den verwendeten Technologien bzw. Medien bestimmen auch der pädagogische Kontext, die Lerngegenstände bzw. Inhalte und insbesondere der Lernende mit seinen Fähigkeiten, Motiven und Eigenschaften darüber, ob Lernen (erfolgreich) stattfindet oder nicht. Lehrbücher stellen folglich nur einen Faktor in einem komplexen Gefüge dar. Da sich diese aber vergleichsweise einfach beeinflussen und verändern lassen, kommt ihrer Konzeption und Gestaltung für das erfolgreiche Lernen eine wesentliche Rolle zu.
Lernförderliche Lehrbücher zeichnen sich u.a. durch ihre Vielfältigkeit, Verständlichkeit, (inhaltliche und visuelle) Attraktivität, (methodische) Differenzierung sowie durch eine systematische, gestufte und exemplarische Darstellung der Lerninhalte aus. Neben inhaltlichen und inhaltlich-strukturellen Kriterien sind bei der Lehrbuchentwicklung und -gestaltung auch typografische Regeln zu beachten. Die typografische Ausgestaltung sollte sich an dem thematischen Inhalt und der Struktur des gegebenen Textes, aber auch an den Adressaten des Lehrbuchs orientieren. Ferner gilt es allgemeingültige, mikro- und makrotypografische Regeln (z.B. bezüglich des Formats, der Schriftart, des Schrifttyps, der Farbegestaltung) zu beachten. Letztere sollten sich an den

jeweiligen Empfehlungen für den verwendeten Zeichenträger (Papier oder Bildschirm) orientieren. Lernförderliche Lernbücher kennzeichnet überdies, dass sie unterschiedliche Darstellungsformen mit einbeziehen. In Anlehnung an Mayers „Kognitive Theorie des multimedialen Lernens" gilt es dabei jedoch das Multimedia-, das Kohärenz-, das Modalitäts-, das Redundanz-Prinzip sowie die Prinzipien der räumlichen und zeitlichen Kontinuität und das der individuellen Differenzen zu beachten. Mayers „Zwei-Kanal-These" legt zudem nahe, dass eine multimodale Ausgestaltung von Lehrbüchern einen positiven Einfluss auf den Lernerfolg nehmen kann.

Auch wenn den multimodalen Lehrbüchern aufgrund ihrer Besonderheiten ein vielfältiger Mehrwert gegenüber der papiergebundenen Variante zugesprochen wird, fehlt es bislang an empirischen Befunden, die dies bestätigen. Vielmehr verdeutlicht eine Aufarbeitung des aktuellen Forschungsstands, dass sowohl bezüglich des Zusammenhangs zwischen Lehrbuchformat und Lernerfolg als auch hinsichtlich deren Wechselwirkungen mit weiteren Einflussvariablen heterogene Befunde vorliegen. Vor allem im Hinblick auf die Wirkung von mBooks auf das Lernen und den Lernerfolg war ein Forschungsdesiderat festzustellen. Aus diesem Grund galt es, eine eigene Studie durchzuführen, die den Zusammenhang zwischen Lehrbuchformat und Lernerfolg, unter Berück-sichtigung möglicher Einflussfaktoren, untersucht.

Im Zentrum des Forschungsprojekts stand die Frage, welchen Einfluss das Lehrbuchformat (pBook, eBook, mBook) auf den Lernerfolg von Lehramtsstu-dierenden nimmt. Da Lernerfolg ein sehr komplexes Konstrukt ist, galt es je-doch noch weitere Variablen in die Untersuchung mit einzubeziehen (Vorerfah-rungen, Augenmüdigkeit, Lesegeschwindigkeit). Zudem wurde, neben einer allgemeinen Evaluation der eigens für dieses Projekt entwickelten Lehrbuch-varianten, auch die Einstellung der Studierenden gegenüber digitalen Lehrbü-chern mit Hilfe eines Fragebogens erfasst. Zur Überprüfung des Lernerfolgs wurde – basierend auf der Taxonomie kognitiver Lernziele nach Bloom (1972) – ein Wissenstest bestehend aus sechs Aufgaben entwickelt. Beide Erhebungs-instrumente galt es einem Pre-Test zu unterziehen.

Der Studie lag ein quasi-experimentelles Pre-Post-Test-Design mit einer Kontroll- und drei Versuchsgruppen zugrunde. Die Durchführung erfolgte an der JLU Gießen im Sommersemester 2016 mit 13 Seminargruppen, deren Zuteilung zu den Settings (weitestgehend) zufällig erfolgte. Mit zwei der Gruppen (n=30) wurde der Pre-Test zur Überprüfung des Vorwissens durchgeführt (Kontrollgruppen). Die anderen nahmen im Rahmen einer Seminarsitzung (90 Minuten) an je einer der drei Interventionen teil: pBook (4 Seminargruppen [n=61]), eBook (3 Seminargruppen [n=40]) oder mBook (4 Seminargruppen [n=56]).

Die Auswertung erfolgte primär mit deskriptiv- und inferenzstatistischen Verfahren (v.a. Varianzanalysen), aber – im Fall der offenen Fragen – auch inhaltsanalytisch.

Im Rahmen der Studie konnte ein signifikanter Zusammenhang zwischen dem Lernerfolg und dem Lehrbuchformat festgestellt werden ($F_{(2;154)}$=5,814, p=,004, $\acute{\eta}^2$=0,07). Über alle Versuchsgruppen hinweg lassen sich die Mittelwertsunterschiede wie folgt zusammenfassen: $Vorwissen_{Kontrollgruppe}$ ($\bar{x}$ =0,85) < $Lernerfolg_{eBook}$ ($\bar{x}$ =5,30) < $Lernerfolg_{mBook}$ ($\bar{x}$ =6,91) < $Lernerfolg_{pBook.}$ ($\bar{x}$ =7,72). Die Post-Hoc-Analyse durch den Scheffé-Test führte jedoch zu dem Ergebnis, dass nur die Differenz zwischen der pBook- und eBook-Gruppe signifikant ist (p=,004). Bezüglich der digitalen Lehrbuchvarianten (mBook vs. eBook) liesen sich (knapp) keine signifikanten Unterschiede feststellen (p=,086).

Der Einbezug der Kovariablen sowie der Evaluationsergebnisse verdeutlichte, dass die Lernerfolgsdifferenzen nicht nur auf die jeweils bearbeitete Lehrbuchvariante zurückzuführen sind. Auch wenn kein signifikanter Zusammenhang zwischen den Vorerfahrungen der Studierenden im Umgang mit digitalen Lehrbüchern und dem Lernerfolg festgestellt werden konnte, zeigen die Evaluationsergebnisse, dass bei einigen Studierenden im Rahmen der Bearbeitung der digitalen Lehrbuchvarianten Navigations-, Orientierungs- bzw. Bearbeitungsprobleme aufgetreten sind, welche nicht zuletzt auch in fehlenden Vorerfahrungen begründet liegen. Dies führt zu der Annahme, dass hierdurch Interferenzen entstanden sind, die den Lernerfolg aber auch die Lese- bzw.

Bearbeitungsgeschwindigkeit negativ beeinflusst haben. Ferner konnte ein signifikanter Zusammenhang zwischen letzterer und dem Lernerfolg festgestellt werden. Primär die eBook-Gruppe fiel hinsichtlich der Lese- und Bearbeitungsgeschwindigkeit hinter den anderen Gruppen zurück. In Bezug auf die Augenmündigkeit war kein signifikanter Zusammenhang mit dem Lernerfolg festzustellen. Dennoch zeigen die Evaluationsergebnisse, dass die Arbeit mit den digitalen Lehrbuchvarianten von den Studierenden als deutlich anstrengender empfunden wurde, als die mit einem pBook. Diesbezüglich konnten – wie auch bereits bei der Lesegeschwindigkeit – auch Differenzen zwischen den Studierenden der eBook- und mBook-Gruppe festgestellt werden. Die Ergebnisse liefern Indizien dahingehend, dass bei eBooks die negativen Einflussfaktoren, wie beispielsweise die langsamere Lesegeschwindigkeit und Augenmündigkeit, stärker zum Tragen kommen als bei mBooks und den Lernerfolg negativ beeinflussen. Dies führt wiederum zu der Annahme, dass Videos hinsichtlich dieser Variablen ein Stück weit kompensierend wirken können.

Im Rahmen der Studienauswertung stellte sich der Studiengang als eine zuvor nicht antizipierte, bedeutsame Einflussvariable für die Erklärung von Lernerfolgsunterschieden heraus. Durch eine studiengangsdifferenzierte Analyse der Ergebnisse konnten die Mittelwertsunterschiede jedoch in ihrer Hierarchie bestätigt werden. Diese sind zwar nicht signifikant, stellen die Gesamtergebnisse der Studie aber nicht grundsätzlich in Frage.

Die Analyse des Nutzungsverhaltens bzw. der Einstellung der Studierenden gegenüber digitalen Lehrbüchern verdeutlichte, dass diese eher selten eBooks bzw. mBooks zum Lernen nutzen und einer solchen Lehrbuchform auch insgesamt eher kritisch gegenüberstehen. Interessant ist dabei die Feststellung, dass die Studierenden, welche zuvor das eBook oder mBook bearbeitet haben, eine tendenziell positivere Einstellung gegenüber digitalen Lehrbüchern aufwiesen. Dies könnte darin begründet liegen, dass sie im Rahmen der Studie neue Erfahrungen im Umgang mit digitalen Lehrbüchern gesammelt haben, wodurch sich mögliche Vorurteile minimierten. Es ist folglich anzunehmen, dass fehlende Vorerfahrungen beziehungsweise mangelnde Kenntnisse der (neuen)

Möglichkeiten bezüglich digitaler Lehrbücher die Einstellung der Studierenden negativ beeinflussen. Auch an dieser Stelle wird somit deutlich, dass es zur Minderung solcher Vorurteile einer angeleiteten Einführung in die Arbeit mit digitalen Lehrbüchern bedarf.

Aufgrund des experimentellen Designs, der kurzen Durchführungszeit sowie der kleinen Stichprobe, ist die Aussagekraft und Reichweite der Ergebnisse eingeschränkt. Dennoch hat die Studie die Komplexität der Wechselwirkungen zwischen Lehrbuchformat, Lernerfolg und zahlreichen weiteren Einflussvariablen verdeutlicht. Es bedarf weiterer Studien, die die Ergebnisse validieren und die im Rahmen dieser Arbeit aufgestellten Hypothesen überprüfen. Neben einer differenzierten Untersuchung des Zusammenhangs zwischen Lehrbuchformat und Lernerfolg sowie unterschiedlicher Einflussvariablen gilt es ferner zu eruieren, wie sich das Lesen und Lernen durch den Einsatz digitaler Lehrbücher verändert und welche neuen Fähig- und Fertigkeiten für deren erfolgreiche Benutzung benötigt werden. Nicht zuletzt kommt jedoch auch der innovativen Weiterentwicklung multimodaler Lehrbücher eine wichtige Rolle zu. Diese Arbeit hat verdeutlicht, dass diese ein enormes Potential dahingehend bergen, neu anzusetzen und Lehrbucharbeit neu zu denken. Hierfür bedarf es aber der Entwicklung innovativer und produktiver Lehrbuchkonzepte, welche die – über Jahrhunderte entwickelten – Kriterien guter Lehrbücher sowie die Erkenntnisse aus der Lehr- und Lernforschung berücksichtigen, zugleich aber auch die neuen Möglichkeiten der digitalen Medien mit einbeziehen. Durch eine konsequente Verschmelzung der Vorteile der verschiedenen Lehrbuchformate und die permanente didaktische Reflexion sowie empirische Evaluation der Entwicklungsschritte, kann ein neues Medium entstehen, welches eine Brücke zwischen Tradition und Innovation baut und perspektivisch einen wichtigen Beitrag zur Förderung des Lehrens und Lernens an Bildungsinstitutionen leistet.

6   Literaturverzeichnis

Avgerinou, M., & Petterson, R. (2008). How Multimedia Research Can Optimize the Design of Instructional Vodcasts. In J. Luca & E. Weippl (Hrsg.), *Proceedings of World Conference on Educational Multimedia, Hypermedia and Telecommunications 2008* (S. 1223–1227). Chesapeake, VA: AACE. URL: https://www.editlib.org/d/28541 [08.03.16].

Backhaus, K., Erichson, B., Plinke, W., & Weiber, R. (2016). *Multivariate Analysemethoden: Eine anwendungsorientierte Einführung* (14. Auflage). Berlin, Heidelberg: Springer Gabler.

Ballstaedt, S.-P. (1997). *Wissensvermittlung: Die Gestaltung von Lernmaterial.* Weinheim: Beltz Psychologie Verlags Union.

Baumgart, F. (Hrsg.). (2007). *Entwicklungs- und Lerntheorien: Erläuterungen - Texte - Arbeitsaufgaben* (2. Auflage). Bad Heilbrunn: Klinkhardt.

Blömeke, S. (2003). Lehren und Lernen mit neuen Medien – Forschungsstand und Forschungsperspektiven. *Unterrichtswissenschaft, 31*(1), 57–82. URL: www.pedocs.de/volltexte/2013/6773/pdf/UnterWiss_2003_1_Bloemeke_Lehren_Lernen.pd f [21.03.16].

Bloom, B. S. (1972). *Taxonomie von Lernzielen im kognitiven Bereich.* Weinheim: Beltz.

Bortz, J. (2005). *Statistik für Human- und Sozialwissenschaftler* (6. Auflage). *Springer-Lehrbuch.* Heidelberg: Springer Medizin Verlag.

Cavanaugh, T. W. (2004). *Using Electronic Texts as the Course Textbook.* URL: https://www.unf.edu/~tcavanau/presentations/SITE/ElectronicTextsasCourseTextbook.htm [22.03.16].

Chesser, W. D. (2011). Chapter 5: The E-textbook Revolution. *Library Technology Reports, 47*(8), 28–40. URL: https://hds.hebis.de/ubgi/EBSCO/PDF?id=69736257%7Cehh [08.03.16].

Connell, C., Bayliss, L., & Farmer, W. (2012). Effects of eBook Readers and Tablet Computers on Reading Comprehension. *International Journal of Instructional Media, 39*(2), 131–140.

Daniel, D. B., & Woody, W. D. (2013). E-textbooks at what cost? Performance and use of electronic v. print texts. *Computers & Education, 62,* 18–23. URL: www.sciencedirect.com/science/article/pii/S0360131512002448/pdfft?md5=5e5b01940f65 b7f6f65b3ea92bf1ec71&pid=1-s2.0-S0360131512002448-main.pdf [25.02.16].

Doering, T., Pereira, L., & Kuechler, L. (2012). *The Use of E-Textbooks in Higher Education: A Case Study.* URL: http://www.g-casa.com/conferences/berlin/papers/Doering.pdf [22.03.16].

Duden (Hrsg.). (2010). *Duden: Band 10. Duden: Das Bedeutungswörterbuch* (4. Auflage). Mannheim: Dudenverlag.

Dundar, H., & Akcayir, M. (2012). Tablet vs. Paper: The Effect on Learners' Reading Performance. *International Electronic Journal of Elementary Education, 4*(3), 441–450. URL: files.eric.ed.gov/fulltext/EJ1068592.pdf [10.08.16].

Ebner, M., Schön, S., & Vlaj, G. (2014). Offene Bildungsressourcen, ausgewählte Initiativen zu digitalem Schulmaterial und das erste deutschsprachige offene Schulbuch: Eine Einleitung.

In M. Ebner & S. Schön (Hrsg.), *Beiträge zu offenen Bildungsressourcen: Vol. 6. Die Entstehung des ersten offenen Biologieschulbuchs* (S. 7–17). Norderstedt, Reichenhall: Books on Demand.

Embong, A. M., Noor Azelin M., Hashim, H. M., Mahari Ali, R., & Shaari, Z. H. (2012). E-Books as textbooks in the classroom. *Social and Behavioral Sciences, 47*, 1802–1809. URL: www.sciencedirect.com/science/article/pii/S1877042812026390/pdf?md5=16ab9c8d17a323 6d38c118bde297ef76&pid=1-s2.0-S1877042812026390-main.pdf [25.02.16].

Falke, T. (2009). Potential und Grenzen von audiovisuellen Medien in E-Learning-Szenarien. In N. Apostolopoulos, H. Hoffmann, V. Mansmann, & A. Schwill (Hrsg.), *Medien in der Wissenschaft: Bd. 51. E-Learning 2009. Lernen im digitalen Zeitalter* (S. 229–234). Münster: Waxmann. URL: http://www.waxmann-verlag.de/fileadmin/media/zusatztexte/ 2199Volltext.pdf [08.03.16].

Früh, W. (2007). *Inhaltsanalyse: Theorie und Praxis* (6. Auflage). *UTB Medien- und Kommunikationswissenschaft, Psychologie, Soziologie: Vol. 2501*. Konstanz: UVK Verlagsgesellschaft.

Gage, N. L., & Berliner, D. C. (1996). *Pädagogische Psychologie* (5. Auflage). Weinheim: Beltz Psychologie Verlags Union.

Garland, K. J., & Noyes, J. M. (2004). CRT monitors: Do they interfere with learning. *Behaviour & Information Technology, 23*(1), 43–52. URL: https://hds.hebis.de/ubgi/EBSCO/ PDF?id=11715412%7Cbuh [03.03.16].

Ginns, P. (2005). Meta-analysis of the modality effect. *Learning and Instruction,* (15), 313–331. URL: wiki-app.it.helsinki.fi/download/attachments/57434439/Ginns+(2005).pdf [10.02.15].

Goldschmidt, N., Schlösser, H. J., & Schuhen, M. (2014). Lässt sich das Schulbuch neu denken? In M. Schuhen & M. Froitzheim (Hrsg.), *Das elektronische Schulbuch. Fachdidaktische Anforderungen und Ideen treffen auf Lösungsvorschläge der Informatik* (S. 1–6). Berlin: LIT-Verlag.

Graf, W. (1984). Theoretische Positionen zur typografischen Umsetzung didaktischer Forderungen bei der Lehrbuchgestaltung. In D. Nadolski (Hrsg.), *Didaktische Typografie* (S. 28–33). Leipzig: VEB Fachbuchverlag.

Gregory, C. L. (2008). "But I Want a Real Book": An Investigation of Undergraduates' Usage and Attitudes toward Electronic Books. *Reference & User Services Quarterly, 47*(3), 266–273. URL: https://hds.hebis.de/ubgi/EBSCO/PDF?id=edsjsr.20864892%7Cedsjsr [31.03.16].

Grell, P., & Rau, F. (2011). Partizipationslücken - Social Software in der Hochschullehre. *Zeitschrift für Theorie und Praxis der Medienbildung,* (21). URL: www.medienpaed.com/Documents/medienpaed/21/grell_rau1111.pdf [29.02.16].

Hasselhorn, M., & Gold, A. (2009). *Pädagogische Psychologie: Erfolgreiches Lernen und Lehren.* Stuttgart: Kohlhammer Verlag.

Hiller, H., & Füssel, S. (2002). *Wörterbuch des Buches* (6. Auflage). Frankfurt am Main: Vittorio Klostermann.

Holzkamp, K. (1995). *Lernen: Subjektwissenschaftliche Grundlegung.* Frankfurt/Main: Campus.

Jeong, H. (2012). A comparison of the influence of electronic books and paper books on reading comprehension, eye fatigue, and perception. *The Electronic Library, 30*(3), 390–408. URL: www.emeraldinsight.com/doi/pdfplus/10.1108/02640471211241663 [03.03.16].

JLU. (2010). *Module Grundwissenschaften - L3 - Erziehungswissenschaft, Politikwissenschaft, Psychologie, Soziologie: L3 - Anlage 2 - Grundwissenschaften - Module. In der Fassung des 2. Beschlusses vom 28.06.2010.* URL: https://www.uni-giessen.de/mug/7/pdf/7_80/7_83/Anlage2/Module/grundwi/7_83_00_ANL2_MO_GW_2.Ae [08.03.16].

Johnson, D. W., Johnson, R. T., & Johnson Holubec, E. (2005). *Kooperatives Lernen, kooperative Schule: Tipps - Praxishilfen - Konzepte.* Mülheim an der Ruhr: Verlag an der Ruhr.

Johnson, D. W., Johnson, R. T., & Stanne, M. B. (2000). *Cooperative Learning Methods: A Meta-Analysis.* URL: http://www.tablelearning.com/uploads/File/EXHIBIT-B.pdf [19.02.15].

Kahlert, J. (2010). Das Schulbuch – ein Stiefkind der Erziehungswissenschaft? In E. Fuchs, J. Kahlert, & U. Sandfuchs (Hrsg.), *Schulbuch konkret. Kontexte – Produktion – Unterricht* (1. Auflage, S. 41–56). Bad Heilbrunn: Klinkhardt.

Kang, Y.-Y., Wang, M.-J. J., & Lin, R. (2009). Usability evaluation of E-books. *Displays, 30,* 49–52. URL: www.sciencedirect.com/science/article/pii/S0141938208000826/pdfft?md5=fab8c347e18d4 29e20f087b73ee3c201&pid=1-s2.0-S0141938208000826-main.pdf [31.03.16].

Kay, R., & Edwards, J. (2010). Podcasts for Middle School Mathematics Students: Podcasts for Middle School Mathematics Students. In *Proceedings of World Conference on Educational Multi Media, Hypermedia and Telecommunications 2010* (S. 3626–3629). Chesapeake, VA: AACE. URL: http://www.editlib.org/p/35163/ [05.11.14].

Kim, H. J., & Kim, J. (2013). Reading from an LCD monitor versus paper: Teenagers´ reading performance. *International Journal of Research Studies in Educational Technology, 2*(1), 15–24. URL: www.consortiacademia.org/index.php/ijrset/article/download/170/150 [22.03.16].

Klippert, H. (2010). *Methoden-Training: Übungsbausteine für den Unterricht* (19. Auflage). Weinheim, Basel: Beltz.

Köhler, R. (2002). *Typo & Design* (1. Auflage). Bonn: mitp-Verlag.

Kratky, L. (1984). Didaktische Typografie als Artefakt. In D. Nadolski (Hrsg.), *Didaktische Typografie* (S. 88–98). Leipzig: VEB Fachbuchverlag.

Lartigue, J., Rutledge, R., & Rice, A. (2013). Paper or Pixel: Assessing Reading Performance Across Multiple Mediums. In J. Herrington, A. Couros, & V. Irvine (Hrsg.), *Proceedings of EdMedia: World Conference on Educational Media and Technology 2013* (S. 1045–1052). URL: http://www.editlib.org/p/112089/ [18.02.16].

Lee, H. J., Messom, C., & Yau, K.-L. A. (2013). Can an Electronic Textbooks Be Part of K-12 Education?: Challanges, Technological Solutions and Open Issues. *Turkish Online Journal of Educational Technology, 12*(1), 32–44. URL: files.eric.ed.gov/fulltext/EJ1008864.pdf [26.02.16].

Lindner-Fally, M. (2012). Lehren und Lernen neu: digitale Geo-Medien im Schulunterricht. *Bildungsforschung*, *9*(1), 47–67. URL: http://bildungsforschung.org/index.php/bildungsforschung/article/view/138/pdf [03.06.16].

Macedo-Rouet, M., Rouet, J.-F., Epstein, I., & Fayard, P. (2003). Effects of Online Reading on Popular Science Comprehension. *Science Communication*, *25*(2), 99–128. URL: http://scx.sagepub.com/content/25/2/99.full.pdf+html [25.02.16].

Macgilchrist, F. (2012). E-Schulbücher, iPads und Interpassivität: Reflexionen über neue schulische Bildungsmedien und deren Subjektivierungspotential. *Bildungsforschung*, *9*(1), 180–207. URL: www.pedocs.de/volltexte/2013/8312/pdf/BF_2012_1_Macgilchrist_E_Schulbuecher_iPads_und_Interpassivitaet.pdf [25.02.16].

Mangen, A., Walgermo, B. R., & Bronnick, K. (2013). Reading linear texts on paper versus computer screen: Effects on reading comprehension. *International Journal of Educational Research*, *58*, 61–68. URL: www.sciencedirect.com/science/article/pii/S0883035512001127/pdfft?md5=577e1cb41a26ab76a5a9f8a61e30f33b&pid=1-s2.0-S0883035512001127-main.pdf [10.08.16].

Matschkal, L. (2009). *E-Books – Elektronische Bücher: Nutzung und Akzeptanz. Umfrage an bayerischen Universitäts- und Hochschulbibliotheken*. URL: https://epub.ub.uni-muenchen.de/10942/1/Auswertung_E-Book-Umfrage_LMU.pdf [03.03.16].

Mayer, R. E. (2001). *Multimedia learning*. Cambridge, New York: Cambridge University Press.

Mayer, R. E. (2003). The promise of multimedia learning: Using the same instructional design methods across different media. *Learning and Instruction*, *13*(2), 125–139. URL: projects.ict.usc.edu/dlxxi/materials/Sept2009/Research%20Readings/MayerMediaMethod03.pdf [15.02.16].

Mayer, R. E., & Moreno, R. (2002). Animation as an Aid to Multimedia Learning. *Educational Psychology Review*, *14*(1). URL: http://ydraw.com/wp-content/uploads/2012/04/Stop-Motion-Aids-Multimedia-Learning.pdf [05.03.16].

Mayer, R. E., & Moreno, R. (2003). Nine Ways to Reduce Cognitive Load in Multimedia Learning. *Educational Psychologist*, *38*(1), 43–52. URL: http://www.uky.edu/~gmswan3/544/9_ways_to_reduce_CL.pdf [05.03.16].

Mayring, P. (2002). *Einführung in die qualititative Sozialforschung: Eine Anleitung zu qualitativem Denken* (5. Auflage). *Beltz Studium*. Weinheim, Basel: Beltz.

McFall, R. (2005). Electronic textbooks that transform how textbooks are used. *The Electronic Library*, *23*(2), 72–81. URL: www.emeraldinsight.com/doi/pdfplus/10.1108/02640470510582754 [25.02.16].

McFall, R., Dahm, E., Hansens, D., Johnson, C., & Morse, J. (2004). A Demonstration of a Collaborative Electronic Textbook Application on the Tablet PC. In L. Cantoni & C. McLoughlin (Hrsg.), *Proceedings of ED-MEDIA: World Conference on Educational Media and Technology 2004. June 21 - 26, 2004, Lugano, Switzerland* (S. 3957–3958). Norfolk Va.:

Association for the Advancement of Computing in Education. URL: https://www.editlib.org /p/11638/proceedings_11638.pdf [26.02.16].

Mentzel-Reuters, A. (2003). Lehrbuch. In U. Rautenberg (Hrsg.), *Reclams Sachlexikon des Buches* (2. Auflage). Stuttgart: Reclam.

Mitgutsch, K. (2009). *Lernen durch Enttäuschung: Eine pädagogische Skizze*. Wien: Braumüller.

Münchner Arbeitskreis. (2011). *Zukunftsbilder der digitalen Welt. Nutzerperspektiven im internationalen Vergleich*. URL: https://www.eict.de/files/downloads/2011_Zukunftsbilder_ der_digitalen_Welt.pdf [08.07.16].

Musiani, F., & Peserico, E. (2014). A second-hand market for digital goods? *First Monday*, *19*(11). URL: http://firstmonday.org/ojs/index.php/fm/article/view/5493/4156 [22.03.16].

Nadolski, D. (1984). Problemfeld "didaktische Typografie". In D. Nadolski (Hrsg.), *Didaktische Typografie* (S. 12–22). Leipzig: VEB Fachbuchverlag.

Nezel, I. (1996). Comenius als Lehrmittel- und Schulbuchautor. In R. Golz, W. Korthaase, & E. Schäfer (Hrsg.), *Comenius und unsere Zeit. Geschichtliches, Bedenkenswertes und Bibliographisches* (S. 57–64). Baltmannsweiler: Schneider Verlag Hohengehren.

Porion, A., Aparicio, X., Megalakaki, O., Robert, A., & Baccino, T. (2016). The impact of paper-based versus computerized presentation on text comprehension and memorization. *Computers in Human Behavior*, *54*, 569–576. URL: www.sciencedirect.com/science/article/pii/S0747563215300807/pdfft?md5=15eee8eb60a76 1d2fe1b38cc6d2d57e1&pid=1-s2.0-S0747563215300807-main.pdf [10.08.16].

Porst, R. (2008). *Fragebogen: Ein Arbeitsbuch* (1. Auflage). Wiesbaden: VS Verlag für Sozialwissenschaften.

Rasch, B., Friese, M., Hofmann, W., & Naumann, E. (2014). *Quantitative Methoden 2: Einführung in die Statistik für Psychologen und Sozialwissenschaftler* (4. Auflage). Berlin, Heidelberg: Springer.

Rauch, M., & Wurster, E. (1997). Das Schulbuch im (Sach-)Unterricht. In M. Rauch & E. Wurster (Hrsg.), *Freiburger Beiträge zur Erziehungswissenschaft und Fachdidaktik: Vol. 3. Schulbuchforschung als Unterrichtsforschung. Vergleichende Schreibtisch- und Praxisevaluation von Unterrichtswerken für den Sachunterricht (DFG-Projekt) (mit ausführlicher Dokumentation der Meßinstrumente)* (S. 23–44). Frankfurt a.M.: Peter Lang.

Rautenberg, U. (2003). Buch. In U. Rautenberg (Hrsg.), *Reclams Sachlexikon des Buches* (2. Auflage, S. 82–86). Stuttgart: Reclam.

Reinhardt, A., Korner, T., & Schiefner, M. (2008). Free Podcasts: Didaktische Produktion von Open Educational Resources. In S. Zauchner, P. Baumgartner, E. Blaschnitz, & A. Weissenbäcker (Hrsg.), *Medien in der Wissenschaft: Vol. 48. Offener Bildungsraum Hochschule. Freiheiten und Notwendigkeiten* (S. 69–79). Münster, New York, München, Berlin: Waxmann. URL: http://www.pedocs.de/volltexte/2011/3284/pdf/Reinhardt_Korner_ Schiefner_Free_Podcasts_D_A.pdf [05.11.14].

Rezat, S. (2014). (Elektronische) Schulbücher – Von Artefakten zu Instrumenten. In M. Schuhen & M. Froitzheim (Hrsg.), *Das elektronische Schulbuch. Fachdidaktische Anforderungen und Ideen treffen auf Lösungsvorschläge der Informatik* (S. 9–19). Berlin: LIT-Verlag.

Rockinson-Szapkiw, A. J., Courduff, J., Cater, K., & Bennett, D. (2013). Electronic versus traditional print textbooks: A comparison study on the influence of university students´ learning. *Computers & Education*, *63*, 259–266. URL: www.sciencedirect.com/science/article/pii/S0360131512002953/pdfft?md5=6f61d5592a35a3c81907167bb42eb647&pid=1-s2.0-S0360131512002953-main.pdf [25.02.16].

Röhrbein, M. (1984). Zum Einfluß typografischer Textstrukturierung auf den Aneignungsprozeß. In D. Nadolski (Hrsg.), *Didaktische Typografie* (S. 193–199). Leipzig: VEB Fachbuchverlag.

Rost, J. (1996). *Lehrbuch Testtheorie, Testkonstruktion* (1. Auflage). Göttingen: Hans Huber.

Saeed, N., Yang, Y., & Sinnappan, S. (2009). Emerging Web Technologies in Higher Education: A Case of Incorporating Blogs, Podcasts and Social Bookmarks in a Web Programming Course based on Students' Learning Styles and Technology Preferences. *Educational Technology & Society*, *12*(4), 89–109. URL: www.ifets.info/journals/12_4/9.pdf [29.12.16].

Sandfuchs, U. (2010). Schulbücher und Unterrichtsqualität – historische und aktuelle Reflexionen. In E. Fuchs, J. Kahlert, & U. Sandfuchs (Hrsg.), *Schulbuch konkret. Kontexte – Produktion – Unterricht* (1. Auflage, S. 11–24). Bad Heilbrunn: Klinkhardt.

Schaumburg, H., & Rittmann, S. (2001). Evaluation des Web-basierten Lernens. Ein Überblick über Werkzeuge und Methoden. *Unterrichtswissenschaft*, *29*(4), 342–356. URL: www.pedocs.de/volltexte/2013/7719/pdf/UnterWiss_2001_4_Schaumburg_Rittmann_Evaluation_des_Web_basierten_Lernens.pdf [21.03.16].

Schlösser, B. (2012). *Die Gestaltung moderner Lehrbücher: Eine Untersuchung am Beispiel betriebswirtschaftlicher Studienliteratur* (1. Auflage). Baden-Baden: Nomos.

Schnell, R., Hill, P. B., & Esser, E. (2008). *Methoden der empirischen Sozialforschung* (8. Auflage). München: Oldenbourg.

Schön, S., & Ebner, M. (2012a). Die Zukunft von Lern- und Lehrmaterialien: Wettergebnisse bei zwölf ausgewählte Thesen zur Entwicklung in den nächsten 18 Monaten. *Bildungsforschung*, *9*(1), 105–140. URL: http://bildungsforschung.org/index.php/bildungsforschung/article/view/148/pdf [03.06.16].

Schön, S., & Ebner, M. (2012b). Editorial zum Schwerpunktthema "Wandel von Lern- und Lehrmaterialien". *Bildungsforschung*, *9*(1), 1–10. URL: http://bildungsforschung.org/index.php/bildungsforschung/article/view/150/pdf [03.06.16].

Schreiber, W., Sochatzy, F., & Ventzke, M. (2014). Zwischen Behauptung, Intention und Evidenz: Zur Notwendigkeit die Entwicklung von und die Arbeit mit elektronischen Schulbüchern empirisch zu begleiten. In M. Schuhen & M. Froitzheim (Hrsg.), *Das elektronische Schulbuch. Fachdidaktische Anforderungen und Ideen treffen auf Lösungsvorschläge der Informatik* (S. 71–97). Berlin: LIT-Verlag.

Shepperd, J. A., Grace, J. L., & Koch, E. J. (2008). Evaluating the Electronic Textbook: Is It Time to Dispense With the Paper Text? *Teaching of Psychology, 35*, 2–5. URL: https://hds.hebis.de /ubgi/EBSCO/PDF?id=31561219%7Cehh [22.03.16].

Siebenbrunner, J. (2011). Electronic versus Traditional Textbooks: A Comparison of College Textbook Formats. *Journal on Excellence in College Teaching, 22*(3), 75–92.

Sieche, S., Krey, B., & Bastiaens, T. J. (2013). Inverstigating Students´ Usage and Acceptance of Electronic Books. *Journal of Educational Multimedia and Hypermedia, 22*(4), 465–487. URL: https://www.editlib.org/d/43705 [03.03.16].

Slavin, R. E. (1995): Cooperative learning. Theory, research, and practice (2. Auflage). Boston, London, Toronto, Sydney, Tokio, Singapur: Allyn and Bacon.

Taylor, A. K. (2011). Students Learn Equally Well From Digital as From Paperbound Texts. *Teaching of Psychology, 38*(4), 278–281. URL: http://top.sagepub.com/content/38/4/ 278.full.pdf+html [22.03.16].

Tergan, S.-O. (2002). Hypertext und Hypermedia: Konzeption, Lernmöglichkeiten, Lernprobleme und Perspektiven. In L. J. Issing & P. Klimsa (Hrsg.), *Information und Lernen mit Multimedia und Internet. Lehrbuch für Studium und Praxis* (3. Auflage, S. 99–112). Weinheim: Beltz.

Tergan, S.-O. (2004a). Realistische Qualitätsevaluation von E-Learning. In D. M. Meister, S.-O. Tergan, & P. Zentel (Hrsg.), *Medien in der Wissenschaft: Vol. 25. Evaluation von E-Learning. Zielrichtungen, methodologische Aspekte, Zukunftsperspektiven* (S. 131–154). Münster: Waxmann.

Tergan, S.-O. (2004b). Was macht Lernen erfolgreich? Die Sicht der Wissenschaft. In S.-O. Tergan & P. Schenkel (Hrsg.), *Was macht E-Learning erfolgreich? Grundlagen und Instrumente der Qualitätsbeurteilung* (S. 15–28). Berlin, Heidelberg: Springer.

Terhart, E. (2009). *Didaktik: Eine Einführung.* Stuttgart: Reclam.

Tuncer, M., & Bahadir, F. (2014). Effect of Screen Reading and Reading from Printed Out Material on Student Success and Permanency in Introduction to Computer Lesson. *Turkish Online Journal of Educational Technology, 13*(3). URL: https://www.researchgate.net/ profile/Murat_Tuncer2/publication/274730008_Effect_of_Screen_Reading_and_Reading_ from_Printed_Out_Material_on_Student_Success_and_Permanency_in_Introduction_to_ Computer_Lesson/links/ 5528c0420cf2e089a3a535d9.pdf?inViewer=0&pdfJsDownload=0&origin=publication_ detail [18.02.16].

Villano, M. (2008). Building a better podcast. *T.H.E. Journal, 35*(1), 30–37. URL: http:// web.b.ebscohost.com/ehost/pdfviewer/pdfviewer?sid=bb2bb486-173b-4b86-b4b2-ec3fc9b2667a%40sessionmgr110&vid=1&hid=102 [22.10.14].

Wäger, M. (2014). *Grafik und Gestaltung: Das umfassende Handbuch* (2. Auflage). *Galileo Design.* Bonn: Galileo Press.

101

Weidenmann, B. (2009). Multimedialität, Multicodierung und Multimodalität beim Online-Lernen. In L. J. Issing & P. Klimsa (Hrsg.), *Online-Lernen. Handbuch für Wissenschaft und Praxis* (S. 73–86). München: Oldenbourg.

Wetzel, D. (2003). Elektronisches Buch (electronic book, eBook). In U. Rautenberg (Hrsg.), *Reclams Sachlexikon des Buches* (2. Auflage, S. 188–189). Stuttgart: Reclam.

Yager, S. E., & Szabo, Z. (2014). Using Electronic Ressources to teach Computer Literacy; Student's Perceptions and Use. *International Journal of Education & Psychology in the Community*, *4*(1/2), 46–67. URL: http://web.a.ebscohost.com.ub-proxy.fernuni-hagen.de/ehost/pdfviewer/pdfviewer?sid=2e2dc5c2-521a-4dfc-96c8-c86eabbc3f44%40sessionmgr4001&vid=0&hid=4002 [22.03.16].

Zwingenberger, A. (2009). *Wirksamkeit multimedialer Lernmaterialien: Kritische Bestandsaufnahme und Metaanalyse empirischer Evaluationsstudien. Pädagogische Psychologie und Entwicklungspsychologie: Vol. 73.* Münster: Waxmann.

Anhang

Bei Interesse kann der Anhang unter folgender eMail-Adresse als PDF-Datei (kostenlos) bestellt werden:

Annika.Brueck-Huebner@erziehung.uni-giessen.de